Fodor, I

Die elektriscnen ᴍoᴛoren

Fodor, Etienne de

Die elektrischen Motoren

Inktank publishing, 2018

www.inktank-publishing.com

ISBN/EAN: 9783750119734

Die

Elektrischen Motoren

mit besonderer Berücksichtigung

der

Elektrischen Strassenbahnen.

Von

Etienne de Fodor.

Mit 64 Abbildungen.

WIEN, PEST, LEIPZIG,
A. HARTLEBEN'S VERLAG,
1890.

Vorwort.

Das in diesem Buche behandelte Thema ist ein
so actuelles, dass von einem förmlichen Abschlusse
desselben nicht die Rede sein kann. Jeder Tag bringt
uns Neues auf diesem Felde und der Elektrotechniker
kann nicht genug aufmerksam sein, um sich auf diesem
Gebiete am Laufenden zu erhalten. Wir haben uns
daher bestrebt, alles Veraltete und Bekannte bei Seite
lassend, in diesem Buche blos das Neueste auf dem
Gebiete der Erfahrung und der Literatur zusammen
zu stellen, hiebei blos vom Gesichtspunkte des Praktikers
ausgehend.

Wir beginnen unser Buch mit der Aufzählung der
Vorzüge, welche die Praxis von einem elektrischen
Motor verlangt. Der Vergleichung der Dynamomaschine
mit dem Motor haben wir besondere Aufmerksamkeit
gewidmet. Das Capitel vom Verhältniss zwischen Geschwindigkeit und Nutzeffect der Motoren ist besonders
darum interessant, weil es eines der wichtigsten Probleme
der Neuzeit ist, einen Motor zu schaffen, der bei starkem
magnetischen Felde und geringem Widerstande im
Anker, wenig Gewicht und eine schwache Tourenzahl
aufzuweisen hat.

Der Abschnitt von der Regulirung der Motoren
dürfte wohl das Umfassendste sein, was auf diesem
Gebiete für den Praktiker maassgebend sein kann. Alle
möglichen Regulirungsarten haben eine eingehende
Besprechung erfahren und sind auch die mathematischen

Relationen von Potentialdifferenz, Intensität, Geschwindigkeit und Belastung angegeben.

Die Wechselstrom-Motoren bilden eine brennende Frage der Zukunft, wir haben ihnen daher genügende Aufmerksamkeit gewidmet und trachten, dem Leser Alles das mitzutheilen, was in neuerer Zeit auf diesem Gebiete erfunden, und was von den Gegnern und Freunden des Systems zu Gunsten oder gegen dasselbe angeführt wurde.

Die Besorgung und Unterhaltung der Motoren sind in einem gesonderten Capitel behandelt und enthält dasselbe praktische Rathschläge. Der Preis der Motoren und der motorischen Kraft ist ebenfalls sehr ausführlich behandelt und dürften besonders die Beispiele zur Berechnung des Kraftverbrauches verschiedener Maschinen dem Leser willkommen sein.

Der Abschnitt über elektrische Strassenbahnen bringt zuerst Allgemeines über deren Construction und über ihre Vorzüge und behandelt später in eingehendster Weise die diversen Systeme.

Wir haben uns blos mit dem Neuesten auf diesem Gebiete beschäftigt und glauben wir, dass die in diesem Buche gesammelten praktischen Erfahrungen über elektrische Strassenbahnen dem Leser umso willkommener sein werden, je mehr der glänzende Erfolg dieser Bahnen zur Nachahmung und Vervollkommnung anspornt.

Zum Schlusse sagen wir besten Dank allen Jenen, welche uns durch directe Auskünfte unterstützten, ebenso wie den Zeitschriften »Electrical World«, »The Electrician«, »La Lumière Electrique« und »Elektrotechnische Zeitschrift«, bei welchen wir so viel Mithilfe für unsere Arbeit fanden.

Der Verfasser.

Die

Elektrischen Motoren

mit besonderer Berücksichtiguug

der

Elektrischen Strassenbahnen.

———•—◇•◇—•——-

Allgemeines.

Wenn wir von den elektrischen Motoren sprechen, sehen wir, dass beinahe jede Wissenschaft und jedes Gewerbe sich der Elektricität als treibender Kraft bedienen, und hat dieselbe neben anderen auch für folgende Verrichtungen und an folgenden Orten Verwendung gefunden:

Aufzüge für Baumaterialien, für Hôtels, Privatgebäude u. s. w.,

Buchbindereimaschinen,

Back- und Teigknetmaschinen,

Blasebälge,

Bohrmaschinen,

Buchdruckmaschinen,

Bergwerke,

Centrifugalmaschinen,

Drehbänke,

Dreschmaschinen,

Eisschneidemaschinen,

Eisenbahnen,

Elevatoren für verschiedene Zwecke,

Gefrornesmaschinen,

Feuerspritzen,

Hutmacherwerkzeuge,

Hydraulische Pressen,

Holzbearbeitungsmaschinen,
Hemdfabriken,
Juwelierwerkzeuge,
Krahne,
Kaffeemühlen,   .
Kreissägen,
Laboratoriumszwecke,
Luftballons,
Kutschen,
Mühlen für Getreide und andere Materialien,
Magnetmaschinen in Telephonstationen,
Nähmaschinen,
Orgelblasbälge,
. Pumpen,
Pilotenschlag,
Polirwerkzeuge,
Prägemaschinen,
Quirlmaschinen in Meiereien,
Sägereien,
Schachtelfabrikation,
Schifffahrt,
Schleifsteine,
Strickmaschinen,
Schuhfabriken,
Unterseeische Boote,
Ventilatoren,
Walkereien,
Webestühle,
Waschmaschinen,
Zigarettenmaschinen,
Zahnärztliche Apparate u. s. w.

Heute beginnt man der Verwendung der Elektricität als treibender Kraft grössere Aufmerksamkeit zuzuwenden, und es kann diesem Vorgehen eine glänzende Zukunft vorhergesagt werden.

Durch die Schaffung von Centralstationen für elektrisches Licht, wie solche heute in den grösseren Städten Deutschlands, Oesterreichs, Frankreichs, Englands, Italiens, Russlands und sogar schon im Oriente bestehen, musste man sich nothgedrungener Weise mit der Frage beschäftigen, wie die tagsüber nutzlos daliegende motorische Kraft in elektrische Energie umgesetzt und dem Publicum dienstbar gemacht werden könne.

Die Fortschritte, welche dieser neue Industriezweig erzielt, sind geradezu erstaunende überall dort, wo die Production elektrischen Stromes eine geregelte und gesicherte ist, und die elektrischen Motoren nehmen schon heute einen wichtigen Platz in der Mechanik ein.

Welche Vorzüge soll ein elektrischer Motor besitzen?

1. Er soll einen grossen Nutzeffect haben.

Je kleiner der Motor ist, desto mehr nimmt sein Nutzeffect ab. Der letztere soll für Motoren von über 1 Pferdekraft wenigstens 80 Procent betragen.

2. Die Isolirung soll eine ausgezeichnete sein.

Dieser Umstand muss besonders in Betracht genommen werden bei Motoren mit sehr veränderlicher Belastung.

1*

Besondere Sorgfalt zu verwenden auf die Isolirung des Ankers.

3. Die mechanische Construction soll so einfach als möglich sein.

Die sich abnützenden Theile: der Commutator und die Bürsten, sollen so leicht als möglich ausgewechselt werden können.

Der Commutator soll von gutem Metalle und so solid als möglich sein.

Die Bürsten sollen sich nur wenig abnützen.

Die Schmierung soll eine vorzügliche sein.

Die Base und die Lagerständer sollen schwer sein, damit sich der Motor nicht rüttelt.

Die Lager sollen aus bester Bronze sein.

Die Riemenscheibe soll bombirt und gut ausbalancirt sein.

4. Der Motor soll keine Funken am Commutator geben.

Gut regulirende Motoren geben wenig Funken.

Die Variation in der Geschwindigkeit soll selbst bei veränderlicher Last höchstens 4 Procent betragen.

Die Magnetwickelungen sollen sich nicht erwärmen.

Die Regulirungsapparate sollen so einfach als möglich sein.

Die Gleichstrom-Motoren.

Dynamomaschine und elektrischer Motor.

Sehr oft findet man die Ansicht maassgebend, dass zwischen Motor und Dynamo kein eigentlicher Unterschied bestehe. Man sagt, jede Dynamo kann als Motor wirken und jeder elektrische Motor kann als Dynamo gebraucht werden.

Das ist wohl im Allgemeinen wahr. Es soll jedoch nicht daraus geschlossen werden, dass man nicht nöthig hätte, besondere elektrische Motoren zu construiren, weil man irgend eine Dynamomaschine als Motor verwenden kann.

Ein Motor, wie schlecht er auch angelegt sein sollte, wird sich stets drehen, sobald ihm Strom zugeführt wird. Er wird unter allen Verhältnissen arbeiten.

Eine Dynamomaschine aber, wenn sie durch eine Transmission in Gang gesetzt wird, verhält sich schon empfindlicher. Wenn sie schlecht construirt ist, wenn sie z. B. ein schwaches magnetisches Feld hat, wird sie sich oft gar nicht erregen.

Wie könnte man sich dies erklären, wenn man kurzweg annimmt, dass Motor und Dynamo eine und dieselbe Sache sind?

Es ist, wie dies unter Anderen Albion Snell, dessen Anschauungen wir in diesem Capitel wiedergeben, bewiesen, dass die Vorgänge in dem Anker einer Dynamo nicht dieselben sind wie jene in einem Motor.

Die Foucaultströme in dem Kern eines Ankers sind gleicher Richtung wie die Ströme in den Bewickelungen, und welche Wirkung auch die Ströme in den Bewickelungen haben mögen, ob sie nun die Richtung der Kraftlinien verändern oder das magnetische Feld vermindern: ihre Wirkung wird dieselbe sein wie jener der Foucaultströme im Ankerkern; und es ist deshalb kein Zweifel, dass in einem Dynamoanker die Foucaultströme im Anker das magnetische Feld in gleichem Maasse zu schwächen suchen, wie die Ströme in den Bewickelungen.

In einem Motor-Anker aber werden die in dem Kern circulirenden Foucaultströme das magnetische Feld wohl ebenfalls zu schwächen suchen, aber die Ströme in den Bewickelungen werden dasselbe verstärken.

In einem Motor kann man ferner die Stellung der Bürsten fix lassen, während bei der Dynamomaschine diese Stellung je nach der Belastung verschoben werden muss. Es ist beim Motor von Werth, eine Ankerbewickelung kurz zu schliessen, wenn sie an den Bürsten vorüberkömmt, welcher Vorgang bei einer Dynamo aber schädlich ist.

Wenn in einem Motor die Ankerbewickelungen dann kurzgeschlossen werden, wenn sie die Bürsten passiren, so entwickelt sich in denselben ein Strom welcher jenem des Ankers entgegengesetzt ist. Hierdurch ist die durch die Ankerströme bedingte Drehung des magnetischen Feldes durch den Strom in der kurzgeschlossenen Bewickelung etwas paralysirt, während in einer Dynamo beide Ströme, sowohl jener des Ankers als auch jener der kurzgeschlossenen Wickelung von gleicher Richtung sein würden.

Dass die Bürstenstellung bei einem Motor ohne Funkenbildung fix sein kann, ist besonders bei Tramway-motoren von grossem Vortheile, da deren Belastung stetigen Veränderungen unterworfen ist.

Der Hauptunterschied zwischen Dynamo und Motor ist in den gegenseitigen Wirkungen des Ankers und des magnetischen Feldes zu suchen. In einem Motor können der Magnetismus des Ankers und jener des Feldes zusammen addirt werden.

In einem Motor ist die entwickelte Kraft proportional zur magnetischen Kraft des Ankers und der Electromagnete.

In einer Dynamo muss der Magnetismus des Ankers als ein besonderer Magnet bezeichnet und von dem Magnetismus der Electromagnete abgezogen werden.

Eine ideale Dynamomaschine soll einen Anker haben, der weder einen inneren Widerstand, noch einen individuellen Magnetismus besitzt. Blos die Elektromagnete allein sind die Erzeuger der Kraftlinien. Diese Bedingung kann nahezu erfüllt werden, wenn das Gewicht und die Dimensionen der Dynamo vergrössert werden. In diesem Falle wird die Aehnlichkeit zwischen Motor und Dynamo schon bedeutender.

Etwas Anderes aber ist es mit kleinen Motoren, besonders wenn deren Gewichtsverhältnisse in Berücksichtigung gezogen werden.

Ein Motor, der 35 Kilogramm wiegt, kann so construirt werden, dass er 1 Pferdekraft (746 Watts) mit einem Nutzeffect von 70 Procent giebt; doch müsste an demselben Motor aber, wenn er als Dynamo benützt werden sollte, 50 Procent mehr Geschwindigkeit angewendet werden, damit er 746 Watts entwickle und auch der Nutzeffect würde ein anderer als 70 Procent sein.

Je grösser Motoren gebaut werden, desto mehr Aehnlichkeit haben sie mit Dynamos, aber selbst wenn man schon bis 50 HP Stärke geht, ist es noch empfehlenswerth, besondere Motoren zu construiren, welche sich von gleich starken Dynamos unterscheiden. Dies ist besonders wünschenswerth bei Serienmotoren, während die Shunt-Motoren in Folge ihres nahezu constanten magnetischen Feldes weniger Unterschiede zeigen.

Dimensionen und Geschwindigkeit der Motoren.

Es giebt zwei Wege, einen elektrischen Motor zu construiren. Dieselben können befolgt werden, je nachdem das Gewicht oder die Grösse der Motoren bei der Construction maassgebend sein sollen. Es ist blos zu berücksichtigen, dass ein kräftiger Anker mit vielen Ampère-Touren und ein verhältnissmässig schwaches Magnetfeld dieselbe Kraft oder Widerstand gegen Torsion entwickeln als wie ein starkes Magnetfeld und ein schwacher Anker. Von diesen zwei Eventualitäten kann eine nach Umständen gewählt werden.

16

In dem Verhältnisse des Ankers zum Magnetfelde sind maassgebend:

die von dem Motor zu verrichtende Arbeit,

die Herstellungskosten,

die Unterhaltungskosten,

die Dauer des Motors.

Den einen Weg befolgend, werden wir einen Anker von gegebener Grösse nehmen, eine gewisse Umfangsgeschwindigkeit bestimmen und das Magnetfeld so gering machen, als es die zu erzielende Kraft nur möglich macht.

Auf dem zweiten Wege werden wir, ein gegebenes Magnetfeld vor uns habend, den Anker nach demselben construiren.

Der erste Weg entspricht mehr den Anforderungen der Wissenschaft, weil hierdurch die Dimensionen der theuersten Theile eines Motors zu einem Minimum gemacht werden können.

Der zweite Weg kann in der Praxis ebenfalls vorkommen und muss demzufolge in Berücksichtigung gezogen werden.

Wenn wir einen Motor für eine bestimmte Arbeit construiren wollen, müssen, nach Albion Snell, folgende Punkte in Betracht gezogen werden:

1. Was ist der Durchschnittswiderstand gegen Torsion, der von dem Motor und von der angetriebenen Welle entwickelt werden soll?

2. Soll der Motor beständig in Betrieb sein oder wird seine Arbeit häufig unterbrochen?

3. Welche Schwankungen in der Belastung sollen vorausgesehen werden?

4. Was ist der Maximal-Torsionswiderstand an der Motorwelle?

1. und 4 werden die Charakteristik des Motors und den Theil der Curve bestimmen, an welchem der Durchschnitts-Torsionswiderstand zum Abnehmen anfangen sollen;

4 wird den Durchmesser der Welle und die Stärke der Lager bestimmen;

1 giebt uns das Verhältniss der Geschwindigkeit zwischen dem Motor und der angetriebenen Welle;

2 und 3 giebt uns den Grad, bis zu welchem sich die Temperatur erhöhen kann, ohne die Maschine zu gefährden.

Sobald wir den Torsionswiderstand an der angetriebenen Welle kennen, werden wir die nöthige Stromintensität und das Uebersetzungsverhältniss der Transmission bestimmen können.

Würde der Motor blos nach den von ihm zu leistenden Pferdestärken berechnet*) und hätte man dementsprechend die Transmission gewählt, so könnte es vorkommen, dass der Motor, trotzdem seine Kraft nahezu genau berechnet ist, dennoch untauglich für die zu leistende Arbeit sein wird.

Die Stromintensität am Anker und folgerichtig auch der Torsionswiderstand werden wahrscheinlich zu stark sein. Der Nutzeffect des Motors wird dadurch ein geringer, die absorbirten elektrischen Pferdekräfte zu gross sein, während die Geschwindigkeit eine zu langsame ist.

---

*) Dass die Motoren anstatt nach Pferdekräften nach dem Torsionswiderstande (torque) vorausberechnet werden sollen, wurde von Snell zuerst gewünscht.

Man könnte dem abhelfen, wenn man das Ueber-setzungsverhältniss in der Transmission ändert. Wenn aber die Umfangsgeschwindigkeit des Motors genau vorberechnet war, wird die vermehrte Geschwindigkeit eine zu grosse werden und zu anderen Schwierigkeiten Anlass geben. Mit einem Worte, der Motor wird ver-fehlt sein, weil er für die zu leistende Arbeit unrichtig vorberechnet wurde.

Täglich sehen wir Maschinen, getrieben von Elek-tricität, Dampf, Wasser oder Luft, bei welchen diesel-ben Fehler vorkommen. Die Geschwindigkeit der pri-mären Welle ist nicht im richtigen Verhältnisse zur Haupt- oder Antriebswelle. Der hieraus folgernde Ver-lust an Nutzeffect ist unbekannt oder nicht einmal geahnt.

Man hat z. B. versucht, Tramway-Wagen direct, d. h. ohne Vorgelege, mit elektrischen Motoren zu betreiben. Man ist aber schnell davon abgekommen.

Man vergisst, dass elektrische Motoren bei einer gewissen Geschwindigkeit einen sehr hohen Nutzeffect haben, während derselbe bei langsamer Umdrehung herunter sinkt.*) Man hat der Eigenschaft des Motors,

---

*) Fig. 1 zeigt eine Curve, welche das Verhältniss des Nutz-effectes zur Geschwindigkeit anzeigt. Curve EE ist der Werth der elektrischen Pferdekraft unter verschiedenen Geschwindigkeiten, wenn der Motor bei constanter Potentialdifferenz angenommen wird. Oe ist eine Approximation für die correspondirenden mechanischen Pferde-kräfte und OFF ist der commercielle Nutzeffect. Es wird auffallen, dass der Nutzeffect anfänglich mit der Geschwindigkeit zunimmt, und nachdem er ein Maximum erreicht hat, langsam abnimmt, nachdem er zwei Punkte von $50^0/_0$ Nutzeffect passirt hat.

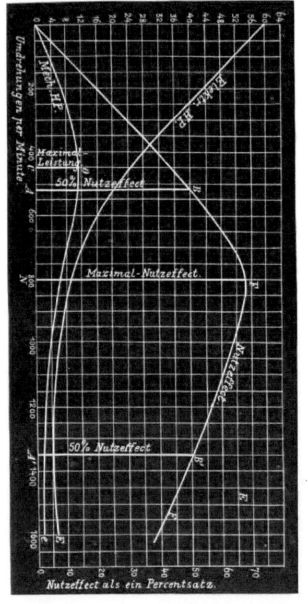

Fig. 1.

bei Inbetriebsetzung seinen Maximal-Torsionseffect zu
entwickeln, zu viel Wichtigkeit beigelegt. Man hat
vergessen, dass der Nutzeffect des Motors gleich Null
ist bei seinem Maximal-Torsionswiderstande und dass
dieser Nutzeffect sehr langsam zunimmt, bis er endlich
50 Procent erreicht hat.

Wenn wir die Torsionswiderstände bestimmt haben,
kennen wir auch das Uebersetzungsverhältniss in der
Transmission. Wir haben nun einen Anker zu wählen,
welcher uns diesen Torsionswiderstand bei verlangter
Geschwindigkeit gibt, zu gleicher Zeit die Dauerhaftig-
keit des Ankers und seine Erwärmung in Betracht
ziehend.

Es sei der Torsionswiderstand des Ankers $^1/_{10}$ jenes
der angetriebenen Welle und wird also auch das Uebersetzungsverhältniss 1 : 10 sein. Die Temperatur im Anker
soll die Zimmertemperatur nicht um 15^0 C. übersteigen.

Es sei T der Torsionswiderstand. Die von dem
Motor zu leistende Arbeit bei n Umdrehungen in der
Minute sei: 1 mechanische Pferdekraft oder 1 BHP.

Wir haben daher:

$$\alpha) \quad T = \frac{BHP}{2 \, \pi \, n} = \frac{75 \, K \cdot M}{2 \, \pi \, n} = \frac{11 \cdot 93}{n} \, K \cdot M$$

d. h. die Kraft, welche den Anker zu drehen sucht,
ist gleich $\dfrac{11 \cdot 93}{n}$ Kilogramm, wirkend an einem Radius von 1 Meter.

Um den exacten Effect an der Peripherie zu
kennen, muss diese Grösse mit $\dfrac{1}{r}$ multiplicirt werden,
wobei $r =$ den mittleren Radius des Ankers bedeutet.

Die Tangentialkraft an den Wickelungen wird daher sein:

$$\beta)\qquad = \frac{11 \cdot 93}{n} \times \frac{1}{r}\,\mathrm{Kg}.$$

Diese letztere Grösse ist es, welche wir zur Berechnung des Motors brauchen.

Um den gewünschten Torsionswiderstand an dem Anker zu erhalten, machen wir:

$$\gamma)\qquad T = \frac{Za\,Nt\,Ca}{2\,\pi},$$

wobei:

Za die Totalanzahl der den Anker durchfliessenden Kraftlinien (sogenannte Kapp-Linien),

Nt die Anzahl der Windungen und

Ca den den Anker durchfliessenden Strom bedeuten.

Es wird bemerkt werden, dass das magnetische Feld directer Weise nicht in Berücksichtigung kommt. Die Elektromagnete haben blos die Aufgabe, ein magnetisches Feld beizustellen. Es wird darauf gesehen werden, die Magnete und ihre Windungen so einzurichten, dass der eigentliche Werth von Za erreicht wird.

Wir haben nun Za, Nt und Ca zu bestimmen.

Ca ist gewöhnlich durch die zu entwickelnde Arbeit in Pferdekräften gegeben.

Za kann erhalten werden durch die Gleichung

$$\delta)\qquad Za = 2\,abz,$$

wobei

$z =$ die gewünschte Anzahl von Linien per Quadrat-Centimeter,

$a =$ die Tiefe des Kerns in Centimeter,

$b =$ die Länge des Ankers (die Isolation nicht hin-zugerechnet) in Centimeter.

Blos die Erfahrung kann uns die beste Form und Grösse des Ankerkerns angeben, sobald aber sein Gesammtquerschnitt $(2\ ab)$ bekannt ist, dürfte es keine Schwierigkeiten mehr geben. Die Tiefe des Kernes wird hauptsächlich bestimmt durch die Wickelungsart und den Werth von T. Für einen geringen Torsions-widerstand wird man einen kleinen Anker und eine grosse Umdrehungsgeschwindigkeit, für einen grossen Torsionswiderstand einen grossen, langsam gehenden Anker nöthig haben. Es ist nothwendig, zu bemerken, dass ein grosser Trommel- oder Ringanker von kurzer Länge gleichwerthig ist mit einem langen Anker von kleinem Durchmesser.

Wenn wir also den Kern gewählt und a und b bekannt sind, müssen diese Werthe in Formel γ) sub-stituirt und Nt bestimmt werden. Wenn die Factoren gut gewählt sind, wird Nt so ausfallen, dass für eine angängliche Stromintensität die Tiefe der Wickelung beiläufig 10 Procent des Kern-Radius bei Cylinder- und 15 Procent bei Trommelankern ausmacht.

Wenn der Werth von Nt nicht praktisch ist, müssen die Dimensionen des Kernes geändert werden.

Die Form des Magnetfeldes.

Ebenso wie bei den Dynamos hat man es auch bei den Motoren versucht, denselben die verschiedensten Gestalten zu geben, um ein und dasselbe Resultat zu erreichen, und heute haben wir so viele Typen, dass es uns unmöglich wäre, alle dieselben hier aufzuführen.

Die beste Form eines magnetischen Feldes ist
jene, welche bei einem Maximal-Querschnitt und einem
Minimal-Perimeter den geringsten magnetischen Widerstand bietet.

In der Theorie würde diese durch einen Hufeisenmagnet von rundem Querschnitt und Kreisform repräsentirt werden. Constructions-Schwierigkeiten machen
diese ideale Form zu kostspielig und man musste dieselbe je nach Preis der Maschine abändern.

Die Berechnung des magnetischen Feldes ist beim
Motor nicht so genau wie bei der Dynamomaschine.

In erster Linie hat das magnetische Feld eine gewisse Anzahl Kraftlinien dem Anker zu übermitteln,
d. h. es sollen Polenden von solcher Stärke hergestellt
werden, dass in Verbindung mit dem Ankermagnetis-
mus die nothwendige Kraft entwickelt werde.

Wenn grosses Gewicht nicht von Bedeutung ist
und man eine grosse Ersparniss an Kupfer machen
will, wird man einen Hufeisenmagnet construiren. Diese
Form ist sehr verbreitet und kann vertical oder hori-
zontal angewendet werden.

Will man einen Motor von geringem Gewicht mit
Mehrausgabe für Kupfer construiren, so wird man
doppelte Hufeisen anwenden.

Diese letztere Type erfordert die doppelten Ampère-Touren, um dieselbe Stärke zu erreichen, wie ein
einfaches Hufeisen, aber sie hat auch ihre Vortheile.
Das magnetische Feld ist mehr gleichförmig und auch
die Funkengebung am Collector ist eine geringere.

Wenn der Anker grossen Durchmesser hat (mehr
als 50 Cm. Durchmesser), ist es besser, einen vierpoli-

gen Motor zu construiren, obwohl die Ampère-Touren doppelt so gross sein werden als beim doppelten Hufeisen, und vierfach so gross als bei der einfachen Hufeisenform. Es werden auch sechs- und mehrpolige Motoren construirt.

Die Polschuhe sind von der verschiedensten Form. Während einige über 160 Grade der Anker-Peripherie einfassen, erstrecken sich andere blos über 90 bis 100 Grade. Manche Motoren haben lange, dünne, scharfeckige Schuhe, während andere kurze, dicke und runde haben. Diese Verschiedenheit in der Construction resultirt offenbar aus dem Bestreben, die theoretischen Erfordernisse in möglichst einfacher Gestalt auszuführen.

Die Theorie will einerseits ausgedehnte Polschuhe, wenn ein schwacher magnetischer Widerstand des Luftraumes zwischen Anker und Magnetpolen gewünscht wird. Da aber die magnetische Intensität an den Polenden anzuwachsen sucht, so hat eine übertriebene Verlängerung der von den Polschuhen eingefassten Kreistheile eine Verunstaltung des magnetischen Feldes zur Folge. Die Stellung der Commutation wird zu einer Linie, während es in Wirklichkeit zwei oder drei Segmente auf jeder Seite geben sollte, wo die Bürsten ohne Funkenbildung oder Erhitzung der kurzgeschlossenen Wickelungen angepasst bleiben können.

Theoretische Rücksichten gebieten uns, die Ausdehnung der Polschuhe zu verringern, trotzdem wir hierdurch den magnetischen Widerstand erhöhen. Dies soll — wie Albion Snell sagt — nicht in Betracht kommen, da Magnetismus billig ist und einige Ampère-

Touren mehr das geschwächte magnetische Feld wieder stärken.

Es ist bezeichnend, wie die Sucht, die Polschuhe zu verkürzen, in letzter Zeit zugenommen hat. In manchen Constructionen ist dies nothwendig. Wenn die Magnete vertical gemacht werden, können die Spulen mit den Wickelungen leicht auf die Kerne aufgestreift werden.

Snell empfiehlt, dass der von den Polschuhen beschriebene Kreistheil nicht mehr als 120 Grade der Anker-Peripherie ausmache. Die Polschuhe sollen abgerundet sein.

Die Motoren haben grössere und plötzlichere Veränderungen in der Belastung zu bestehen als Dynamos und müssen daher die Polschuhe mit besonderer Sorgfalt vorausberechnet werden. Hauptsächlich soll darauf gesehen werden, dass die Lage der Commutation genügend breit für die Variationen in der zu leistenden Arbeit werde.

Die Berechnung des magnetischen Feldes.

Wenn wir die Form der Elektromagnete und der Polschuhe gewählt haben, müssen wir den Querschnitt und die Länge der Schenkel suchen. Vor Allem haben wir hierbei den Raum zu berücksichtigen, welchen die Drahtwickelungen einzunehmen haben.

Bevor wir an die Frage der Berechnung des Magnetfeldes herantreten, wollen wir uns die Sachlage veranschaulichen.

Wir kennen die Voltzahl des Stromes, welcher dem Motor zugeführt wird; die Stromintensität ist bekannt

durch die Arbeit in Pferdekräften und durch den vor-
ausgesetzten Nutzeffect der Umwandlung.

Der Torsionswiderstand des Motors wurde bestimmt
und ausgedrückt durch den magnetischen Flux im
Ankerkern, durch den Querschnitt und die Anzahl der
Drahtwindungen. Die Dimensionen und die Form des
Kernes wurden ebenfalls festgestellt. So weit haben
wir es mit physikalischen Gewissheiten zu thun.

Nun haben wir aber das Problem vor uns, ein Magnetfeld zu entwerfen, wel-
ches in Verbindung mit   Fig. 2.
dem Anker die noth-
wendige Anzahl von
Kraftlinien in dem An-
kerkern hervorbringt.

Der magnetische
Flux in den Elektros,
welcher uns den Werth
von Za geben soll, kann

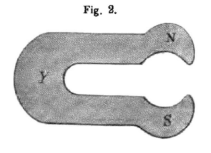

durch directe Berechnung nicht festgestellt werden.

Stellen wir uns vor, es sei Z_1 die Totalsumme der
Kraftlinien, welche in S (Fig. 2) in einem gewöhnlichen
Hufeisenmagnet inducirt werden, und nehmen wir an,
dass die Linien durch Y gehen und· bei N in den
Anker eintreten.

Der Verlust, welcher längs aller Windungen statt
hat, reducirt den Werth von Z_1 auf, sagen wir Z_2.

Aber Z_2 erleidet ebenfalls Verluste an Kraftlinien
auf dem Wege von N nach S ausserhalb des Eisens
oder des Kupfers des Ankers und die wirkliche Anzahl der Kraftlinien ist reducirt auf Z_3.

2*

Nun wird das Verhältniss $Z_1 : Z_2 : Z_3$ variiren je nach der Form des Eisens, der Länge der Kerne, der Form der Windungen und der Durchschnitts-Dichtigkeit des Magnetismus.

Das Problem ist nun schon genügend complicirt, aber das ist noch nicht Alles. Wir haben noch in Rechnung zu ziehen die nützliche Anzahl von Kraftlinien, welche im Anker durch seine eigenen Wickelungen erzeugt werden, was wir Z_4 nennen wollen. Die Unabhängigkeit des Motor-Ankers als Magnet mag aus folgenden Versuchen begreiflich gemacht werden.

Man nehme eine grosse Serien-Dynamo, welche ein verhältnissmässig starkes Feld und einen schwachen Anker besitzt. Man lasse dieselbe mit einer solchen Geschwindigkeit und einer solchen Leistung arbeiten, dass das Maximum des Nutzeffectes erreicht wird. Hierauf lasse man dieselbe Dynamo als Motor laufen und zwar mit selber Stromintensität und Potentialdifferenz, wie sie die Dynamo früher zeigte. Die von dem Motor entwickelte Geschwindigkeit wird nahezu dieselbe sein wie jene, mit welcher die Dynamo getrieben wurde.

Hierauf nehme man eine kleinere als Motor gebaute Maschine, nämlich eine mit verhältnissmässig schwachem Feld und wiederhole das Experiment. Man wird wahrscheinlich finden, dass für dieselbe Potentialdifferenz und Stromintensität die Geschwindigkeit der Maschine als Motor geringer sein wird, als der Dynamo.

Diese Variationen in der Geschwindigkeit haben in der Wichtigkeit des Magnetismus des Ankers ihre Ursache. Von Reibung ganz abgesehen, seien:

Ed = die innere elektromotorische Kraft der Dynamo;

$Em = \dfrac{BHP \cdot 746 \text{ (Watts)}}{C \text{ Strom}}$ die innere elektromotorische

Kraft des Motors;

E_T = die Klemmenspannung sowohl an der Dynamo als auch am Motor;

CR = Verlust in Volts, hervorgebracht durch den inneren Widerstand der Maschine;

Ld = Werth der Reactionen in dem Dynamo-Anker;

Lm = Werth der Reactionen in dem Motoren-Anker.

Es ist nothwendig zu bemerken, dass Ld und Lm mit dem Kraftanspruch variiren.

Für die Dynamo haben wir:

(I.) $\qquad Ed = E_T + (CR + Ld)$

Für den Motor:

II.) $\dfrac{BHP \cdot 746 \text{ (Watts)}}{C \text{ (Strom)}} = Em = E_T - (CR + Lm)$

Nun, die Geschwindigkeit des Motors variirt wie Em, und die Geschwindigkeit der Dynamo wie Ed.

Es folgert hieraus, dass die Motorgeschwindigkeit eine geringere sein soll als jene der Dynamo durch eine Grösse im Werthe von

$(CR + Ld) + (CR + Lm) = 2\,CR + Ld + Lm$

Wenn die Geschwindigkeit des Motors eine grössere ist als die durch die obige Gleichung gegebene, muss Lm, die einzige variable Grösse, ein Factor von Wichtigkeit sein und zwar negativen Charakters.

Das heisst, dass in dem Motor der Anker zu dem resultirenden Felde Magnetismus addirt, hierdurch den

Werth von Em erhöht, und demzufolge die Geschwindigkeit vermehrt.

Es ist $Lm = CR$ und $Er = Em - \ldots$ (siehe
Formel II).

Selbst wenn diese Werthe in der Praxis möglich
wären, würde doch Em noch immer geringer sein als
Ed, so dass die verhältnissmässigen Werthe der Geschwindigkeiten blos aus den Verhältnissen

$$\frac{Em}{n_m} \text{ und } \frac{Ed}{n_d}$$

ersehen werden können. Es wird gefunden werden,
dass in allen normalen Maschinen $\frac{Em}{n_m}$ geringer ist
als $\frac{Ed}{n_d}$.

Man darf diese Experimente nicht mit der Frage
des Nutzeffectes verwechseln. Der Nutzeffect einer
Dynamo für eine gegebene Potentialdifferenz und Intensität variirt im umgekehrten Verhältniss zur Geschwindigkeit; weil der Torsionswiderstand proportional
zu einer Function des Stromes und nahezu unabhängig
von der Geschwindigkeit ist. Der Nutzeffect des Motors
für dieselben elektrischen Constanten variirt im geraden
Verhältnisse zur Geschwindigkeit. In Wirklichkeit suchen
wir die Dynamogeschwindigkeit ein Minimum und jene
des Motors ein Maximum zu machen.

In dem ersten Experimente, sagen wir in einer
grossen Edison-Hopkinson-Dynamo, wird der Nutzeffect
als Dynamo und als Motor nicht grossen Unterschied
zeigen. Der einzige Einwurf, welchen man gegen diese

Maschine als Motor machen kann, wäre, dass sie zu
schwer und demzufolge auch zu theuer sein werde.

Im zweiten Experiment ist der Anker im Verhältnisse zum Magnetfelde gross. Diese Maschine wird
als Dynamo geringen Nutzeffect zeigen und grosse
Geschwindigkeit erfordern; als Motor aber wird sie viel
wirksamer sein, als wie wenn sie als Dynamo fungirt.
Diese Maschine wird ein guter Motor sein, wirksam,
leicht und billig.

Die Charakteristik des Motors.

Man hat viele Versuche gemacht, die Charak-
teristik der Dynamos und Motoren zu bestimmen; aber
selbst die beste Methode scheint noch auf blossen An-
nahmen zu beruhen.

Die Schwierigkeit hierin liegt blos in der Bestimmung der Anzahl der Kraftlinien in einem Magnetfelde. Diese Quantität ist unbestimmt, weil wir keinen
magnetischen Isolator haben. Wir können die Charak-
teristik des Eisens des Magnetfeldes und des Anker-
kernes erhalten und wir kennen den Widerstand des
Luft-Zwischenraumes; aber wir können nicht durch
Berechnung den Verlust an Magnetismus, welchen eine
zu construirende Maschine erleiden wird, finden. Kapp
hat nachgewiesen, dass dieser Verlust (im Englischen
wird er bezeichnend genug ›leakage‹ genannt) eine
Function der linearen Dimensionen der Maschine ist
und deshalb mit jeder Maschinentype variirt; und in
Wirklichkeit, man mag die einzelnen Typen in noch
so geringem Maasse verändern, der Verlust an Magnetismus wird sich auch ändern. In der Praxis bietet

uns dieser Verlust keine Schwierigkeiten; einige einfache Experimente werden die nothwendigen Ampère-Touren bald herausfinden.

Hopkinson und Kapp waren vielleicht die Ersten, welche begannen, die Ampère-Touren für einen bestimmten magnetischen Flux in dem Anker zu berechnen. Beide Methoden sind wohl bekannt, aber ein kurzer Rückblick wird uns das Verständniss der Sache erleichtern.

Kapp ging von einer geometrischen Berechnung aus und nahm an, dass der magnetische Widerstand des Eisens durch ein Gesetz, gleich Ohms, ausgedrückt werden könnte und der Sättigungseffect war als Function einer Tangente angenommen. Albion Snell, dem wir dieses Capitel entnehmen, hat Kapp's Formel für Motoren angewendet, aber das Resultat war, besonders mit grossen Maschinen, kein zufriedenstellendes. Die Gleichungen Kapp's nehmen wenig Rücksicht auf den Verlust (leakage) und die Ampère-Touren müssen in der Praxis von 25 bis 100 Procent mehr angenommen werden, als sie durch Berechnung aus Kapp's Formeln resultiren. Die nach den letzteren erhaltene Charakteristik erhebt sich zu langsam, und nachdem sie die wirkliche Curve ungefähr am Punkte halber Sättigung des Magnetfeldes durchschnitten hat, fällt sie in nicht genügend rapider Weise.

Hopkinson geht von einer verschiedenen Grundlage aus. Er bestimmt auf experimentaler Weise die Sättigungscurven sowohl des Feld- als des Ankereisens und drückt den magnetischen Flux in Einheiten absoluter magnetisirender Kraft $\left(\dfrac{4\ \pi\ Si}{10}\right) =$ Touren pro Centimeter Kernlänge aus. Der specifische Widerstand der Luft wird ebenfalls durch Experimente bestimmt. Soweit mag dies wohl angehen. Aber die Charak-teristik der Maschine selbst ist die Summirung der Curven des Feld- und Ankereisens und des Luftraumes, modificirt durch die »leakage« und die Reactionen im Anker.

Hopkinson hat nun auf experimentalem Wege die Grösse dieser störenden Einflüsse zu finden ge-sucht und hierfür ist ein grosser Aufwand von Experi-menten und Schätzungen anzuwenden; die Methode kann für eine erst zu construirende Maschine nur mit be-sonderer Beherrschung des Gegenstandes angewendet werden.

Professor Sylvanus Thomson giebt eine Me-thode an, welche Hopkinson's Curven und Frölich's Gleichung in sich vereinigt:

$$N = N_1\ \frac{Si}{Si + (Si)_1}$$

$N =$ Maximalzahl der Linien im Feldmagnet;

$N_1 =$ Linien in den Feldmagneten, um den diacri-tischen Werth zu geben;

$Si =$ Ampère-Touren, welche N geben sollen;

$Si^1 =$ Ampère-Touren, um N_1 zu geben.

Aber auch dies verlangt eine experimentale Bestim-mung des Verlust-Coëfficienten und ist nicht dazu ange-than, uns in dieser Sache weiter vorwärts zu bringen.

Glücklicherweise haben die praktischen Construc-teure eine exacte mathematische Lösung des Problems

Verhältniss zwischen Geschwindigkeit und Nutzeffect der elektrischen Motoren.

Type des Motors	Entwickelte Pferdekräfte bei Umdrehungen in der Minute													
	2000	1800	1600	1400	1200	1000	900	800	700	600	500	400	300	200
Immisch 5M *) (1 Menschenkraft)	0·25	—	—	—	—	—	—	—	—	—	—	—	—	—
5M ½		0·6	0·57	0·47	0·40	—	—	—	—	—	—	—	—	—
5M ¾		1·6	1·4	1·2	1·0	—	—	—	—	—	—	—	—	—
5M 4			3·5	3·0	2·5	2·2	2·0	—	—	—	—	—	—	—
5M 5				6·0	5·5	5·0	4·5	4·0	3·5	—	—	—	—	—
5M 6					11·5	10·0	9·0	8·0	6·75	4·5	3·0	—	—	—
5M 7						18·0	16·0	14·0	12·0	10·0	8·0	6·0	4·0	—
5M 8							24·0	21·0	18·0	15·0	12·0	9·0	6·0	—
5M 9							32·0	28·0	24·0	20·0	16·0	12·0	8·0	4·0
5M 10														

*) Diese Motoren sind Serienmotoren.

nicht nothwendig. Mit einer bekannten Type eines
Magnetfeldes können Maschinen von was immer für
Leistung durch Experimente früher vorausberechnet
werden.

Die in diesem Capitel angeführten Gleichungen
sind freilich vom mathematischen Standpunkte nicht
unanfechtbar, aber sie haben wenigstens für den Praktiker einen Werth. Für den letzteren sind die Constanten
der Theorie absolut unbestimmbar, während die hier
angegebenen uns wenigstens in die Lage versetzen,
einen Motor construiren zu können.

Regulirung der Motoren.

Einer der wichtigsten Umstände, welche man bei
dem Betriebe von elektrischen Motoren ins Auge zu
fassen hat, ist die Regulirung derselben. Es soll der
elektrische Motor, ebenso wie ein Dampf- oder anderer Motor, seine Geschwindigkeit nicht verändern,
wenn auch die von ihm zu verrichtende Arbeit variirt.

Es giebt nun dreierlei Motoren, welche hauptsächlich in Betracht kommen, und das sind:

1. Der Shunt-Motor, bei welchem die Elektromagnete im Nebenschluss liegen;

2. der Serien-Motor, bei welchem der Hauptstrom
die Elektromagnete umkreist;

3. der Compound-Motor, an welchem die Elektromagnete mit gemischter Bewickelung versehen sind.

Die Bedingungen für die Regulirung dieser Motoren
sind je nach ihrer Construction verschieden. Es ist sehr
leicht, einen Motor bei veränderlicher Belastung auf
gleicher Geschwindigkeit zu erhalten, wenn derselbe

an eine Leitung angeschlossen wird, in welcher die
Potentialdifferenz eine constante ist. Das ist z. B. der
Fall, wenn ein Shunt - Motor an eine Glühlichtleitung
angeschlossen wird. Der Shunt-Motor wird, so lange
die Potentialdifferenz nicht wechselt, stets die gleiche
Geschwindigkeit zu behalten suchen, selbst wenn die
zu leistende Arbeit sehr stark variirt, und werden die Ge-
schwindigkeits-Verschiedenheiten kaum erhebliche sein.

Wenn man aber anstatt einen Stromkreis von constanter Potentialdifferenz einen solchen von constanter
Stromstärke zur Verfügung hat, dann ist die Regulirung des Motors eine ziemlich schwierige. Weder ein
Shunt- noch ein Serien-, noch ein Compound-Motor kann
praktisch an einen Stromkreis von constanter Stromstärke angeschlossen werden in der Voraussetzung, dass
die Umdrehungsgeschwindigkeit des Motors bei veränderlicher Belastung gleich bleiben werde.

Der gewöhnliche Serien-Motor, welcher vor Allem
dazu bestimmt ist, an einen Kreis von constanter Stromstärke angeschlossen zu werden, wird sich überhasten,
wenn die Belastung abgenommen wird, und wird so
lange an Geschwindigkeit zunehmen, bis der Motor
nicht abgestellt wird. Ein Motor von constanter Stromstärke verlangt eine ganz besondere Regulirung und es
scheint, dass alle die Vorschläge, welche zur Erreichung
dieses Zweckes gemacht wurden, genug Schwierigkeiten
und Umständlichkeiten in sich bergen.

Der gewöhnliche und, wie es scheint, der beste
Weg, um dieses Problem zu lösen, ist: die Wirkung
des magnetischen Feldes auf den Anker proportional
zu den Schwankungen in der Belastung veränderlich

zu machen. Dies wird erreicht durch Unterdrückung eines Theiles der Elektromagnet-Bewickelung und durch andere Methoden, von welchen später die Rede sein soll. Doch haben alle diese Regulirungsarten ihre Schwierigkeiten.

Die angeführten zwei Fälle: d. i. Shunt-Motor auf einem Stromkreis von constanter Potentialdifferenz und Serienmotor auf einem Stromkreis von constanter Stromstärke, sind die in der Praxis vorkommenden gewöhnlichsten Fälle und geben uns eine Idee davon, was wir bei der Motorenregulirung in Betracht zu ziehen haben.

Francis B. Crocker stellt die Regulirungsarten folgendermaassen zusammen:

A. Motorregulirung.

1. Regulirung durch Hand. Gewöhnlich angewendet, um die Geschwindigkeit zu variiren.

2. Automatische Regulirung. Gewöhnlich angewendet, um die Umdrehungsgeschwindigkeit constant zu erhalten. Die Mittel hierzu sind:

Centrifugal-Regulatoren,

Dynamometrische Regulatoren,

Elektromagnetische Apparate.

B. Hauptsächliche Regulirungsarten.

1. Shunt-Wickelung der Elektromagnete (Fig. 3);

2. Compound - Wickelung der Elektromagnete (Fig. 4);

3. Veränderlichkeit des Widerstandes des äusseren Stromkreises durch Einschaltung von Widerständen in die Hauptstromzuleitung;

4. durch Einschaltung von Widerständen in den Nebenschluss für die Elektromagnete (Fig. 3);

5. durch Einschaltung von Widerständen in die Hauptstromzuleitung und vor den Nebenschluss zu gleicher Zeit;

6. Variirung des Widerstandes im inneren Stromkreise des Motors, und zwar durch Variirung des Widerstandes des Ankers;

7. durch Variirung des magnetischen Feldes, indem

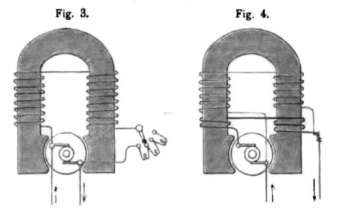

Fig. 3.   Fig. 4.

auf Spannung geschaltete Elektrobewickelungen stückweise ausgeschaltet werden (Serienmotor, Fig. 5);

8. durch Variirung des magnetischen Feldes, indem parallel geschaltete Elektrobewickelungen stückweise ausgeschaltet werden (Shunt-Motor, Fig. 6);

9. durch Variirung des magnetischen Feldes, indem Elektrobewickelungen zeitweise auf Spannung, zeitweise parallel geschaltet werden;

10. durch Variirung des magnetischen Feldes, indem die Elektrobewickelung zeitweise entweder als

Nebenschluss eingeschaltet oder aber mit dem Haupt-
stromkreise auf Spannung geschaltet wird (Fig. 7);

11. Variirung eines »Shunt«, parallel geschaltet
mit dem Anker;

12. mit der Elektrobewickelung;

13. mit dem Anker und der Elektrobewickelung
zusammen (Fig. 8);

Fig. 5.   Fig. 6.

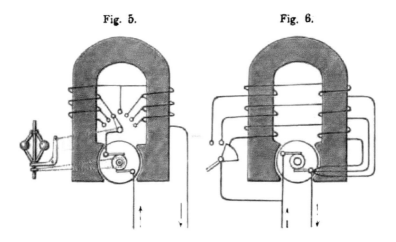

14. Variirung des Stromes in einem separaten
Erregerstromkreis;

15. Veränderlichkeit des magnetischen Feldes durch
Ablenkung der Kraftlinien (Fig. 9);

16. Veränderlichkeit des magnetischen Feldes durch
Kurzschliessung der Kraftlinien (Fig. 10);

17. Variirung der Gleichrichtung der Ströme am
Commutator durch Einstellung der Bürsten (Fig. 11);

18. durch Drehung des Commutators;

19. durch Drehung des magnetischen Feldes;

20. durch Entfernung der Magnetpole von dem Anker (Fig. 12);

21. durch Entfernung des Ankers von den Magnetpolen (Fig. 13).

Fig. 7.   Fig. 8.

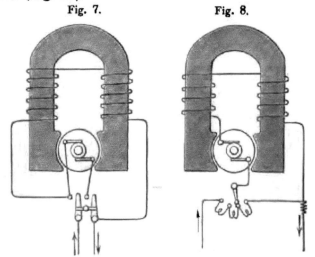

C. Verzeichniss der möglichen Fälle bei gleichgerichteten Strömen.

$P =$ Potentialdifferenz in Volts an den Hauptklemmen des Motors.

$C =$ Strom in Ampères, welcher dem Motor zugeführt wird.

$S =$ Umdrehungen pro Minute.

$L =$ Belastung in Kilogramm.

Jede dieser vier Grössen kann entweder constant oder veränderlich sein, und erhalten wir demzufolge folgende Combinationen:

Fall	Constant	Ver- änderlich	Beispiel
1.	P	CSL	Ein Serienmotor mit veränderlicher Belastung an einem Stromkreis von constanter Potentialdifferenz.
2.	PS	CL	Ein Shunt- oder Compound-Motor mit veränderlicher Belastung an einem Stromkreis von constanter Potentialdifferenz.
3.	PL	CS	Shunt-Motor mit constanter Belastung und veränderlichem Nebenschluss für die Elektrobewickelung an einem Stromkreis von constanter Potentialdifferenz.
4.	PSL	C	Nicht praktisch.
5.	PC	SL	Kann nicht leicht vorkommen.
6.	PCS	L	Unmöglich.
7.	PCL	S	Unmöglich.
8.	$PCSL$		Shunt-Motor mit constanter Belastung an einem Stromkreis von constanter Potentialdifferenz.
9.	C	PSL	Shunt-Motor mit veränderlicher Belastung an einem Stromkreis von constanter Stromstärke.
10.	CS	PL	Serienmotor mit Geschwindigkeitsregulator und veränderlicher Belastung an einem Stromkreis von constanter Stromstärke.

Fall	Constant	Veränderlich	Beispiel
11.	CL	PS	Serienmotor mit constanter Belastung.
12.	CSL	P	Nicht praktisch.
13.	S	PCL	Motor mit Geschwindigkeits-Regulator und veränderlicher Belastung an einem Stromkreis von veränderlicher Potentialdifferenz und Intensität.
14.	SL	PC	Motor mit constanter Belastung und Geschwindigkeits-Regulator an einem Stromkreis von veränderlicher Potentialdifferenz und Intensität.
15.	L	PCS	Motor mit constanter Belastung ohne Geschwindigkeits-Regulator an einem Stromkreis von veränderlicher Potentialdifferenz und Intensität.
16.		$PCSL$	Motor mit veränderlicher Belastung ohne Geschwindigkeits-Regulator an einem Stromkreis von veränderlicher Potentialdifferenz und Intensität.

In Capitel A ist die Motorregulirung eingetheilt: in Handregulirung, welche gewöhnlich durch eine Drehkurbel bewerkstelligt wird und vornehmlich dazu dient, die Geschwindigkeit des Motors zu verändern;

und in automatische Regulirung, welche zumeist angewendet wird, um die Geschwindigkeit constant zu erhalten. Diese letztere Regulirungsart wird gewöhnlich bewerkstelligt durch:

a) einen Centrifugal-Regulator, welcher gleich jenem einer Dampfmaschine ist und durch einen Ex-

Fig. 9.   Fig. 10.

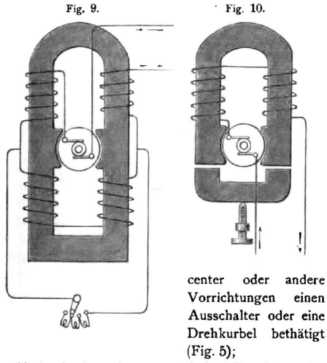

center oder andere Vorrichtungen einen Ausschalter oder eine Drehkurbel bethätigt (Fig. 5);

b) durch einen dynamometrischen Regulator, das heisst einen Mechanismus, durch welchen die Belastung des Motors vermittelt oder übertragen wird, und welcher ebenfalls einen Ausschalter bethätigen oder das magnetische Feld durch directe Veränderung der Belastung variabel machen kann;

3*

c) durch einen elektromagnetischen Apparat, als
z. B. ein Solenoïd, der einen Eisenkern anzieht und
abstösst, welche Bewegung auf einen Ausschalter oder
Widerstand einwirkt (Fig. 11).

Capitel B bezeichnet die Möglichkeiten, welche
im Motorenbetrieb vorkommen können.

Nr. 1 behandelt einen Motor mit gewöhnlicher
Nebenschlusswickelung für den Erregerstromkreis. Diese

Fig. 11.   Fig. 12.

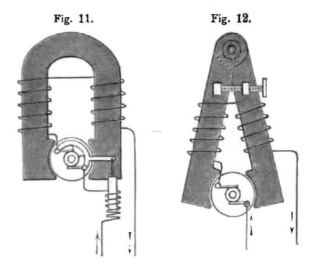

Anordnung erhält den Motor bei constanter Geschwindigkeit an einem Stromkreis von constanter
Potentialdifferenz. Das magnetische Feld, von einem
constanten Strom erregt, bleibt ebenfalls constant.

Nr. 2 behandelt einen Motor mit Compound-
Wickelung. Derselbe soll eine constante Geschwindig-
keit erzielen. Die mit einem Nebenschluss bewickelten
Elektromagnete werden ausserdem noch von einer dicken

Wickelung entgegengesetzter Richtung umkreist, in welcher der von den Bürsten kommende positive Strom fliesst. Diese Vorrichtung soll den Zweck haben, das magnetische Feld etwas zu schwächen, wenn die Belastung des Motors und die Stromstärke am Anker zunehmen. Durch die Schwächung des magnetischen Feldes nimmt die Umdrehungsgeschwindigkeit des Ankers zu und wird hierdurch die bei grösserer Belastung vorhandene Neigung des Motors, seine Umdrehung zu verlangsamern, aufgehoben. Das Paradox, dass ein Shunt-Motor an Geschwindigkeit zunimmt, je schwächer das magnetische Feld ist, ist wohl bekannt und resultirt aus der Herabminderung der elektromotorischen Gegenkraft und der Stromzunahme in dem Anker.

Fig. 13.

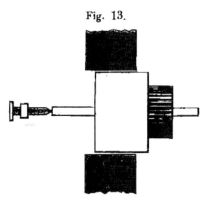

In den nächsten drei Methoden ist die Veränderlichkeit des äusseren Widerstandes behandelt.

Nr. 3 hiesse einen Widerstand in die Hauptstromzuleitung mit dem Anker auf Spannung zu schalten. Diese Methode wird für kleinere Motoren ganz gut angewendet, doch sollte sie in der Praxis keine allgemeine Verwendung finden, da sie einem ziemlich empfindlichen Energieverlust gleichkömmt.

Methode Nr. 4, vor den Nebenschluss der Elektromagnete Widerstände einzuschalten, ist sehr praktisch und geht hierbei wenig Energie verloren.

Gegen Methode 5, zu gleicher Zeit Widerstände in die Hauptstromzuleitung und in den Nebenschluss für die Elektros einzuschalten, lässt sich ebenfalls der zu grosse Energieverlust als Hinderniss anführen.

Methoden 6, 7, 8, 9 und 10 sind theoretisch ökonomischer als die vorhergehenden, weil wir hier Widerstände in den inneren Stromkreis anstatt in den äusseren einschalten.

Methode 6, bei welcher der innere Widerstand des Ankers veränderlich gemacht wird, ist in der Praxis sehr schwer auszuführen, da die Verbindungsstellen in dem Anker während seiner Drehung nicht leicht zugänglich gemacht werden können. Ein Vorschlag geht dahin, den Anker mit verschiedenen Wickelungen zu versehen, welche mit ebenso vielen Commutatoren correspondiren. Es steht dann frei, eine oder mehrere dieser Wickelungen in Gebrauch zu nehmen oder fortzulassen. Dies ist zu umständlich und dürfte nur in besonderen Fällen versucht werden.

Methode 7 besteht darin, die Bewickelung der Elektromagnete in mehrere Theile zu theilen und dieselben auf Spannung zu schalten. Von diesen Theilen werden dann einer oder mehrere je nach Bedarf ausgeschaltet. Dies ist die gewöhnliche Regulirungsart für Serienmotoren oder für Motoren von constanter Stromstärke.

In Methode 8 (Fig. 6) werden die Elektromagnete mit mehreren Nebenschlusswickelungen versehen, welche

parallel geschaltet sind. Die Enden der Bewickelungen
werden an einen Umschalter geführt, und von diesem
aus in den Stromkreis ein- und ausgeschlossen. Gewöhnlich schaltet man die innerste, dem Eisenkern
zunächstliegende Bewickelung zuerst ein, hierauf die
nächstliegende u. s. w.

Methode 9 besteht ebenfalls darin, die Elektrobewickelungen in Stücke und in verschiedene gesonderte
Bewickelungen aufzutheilen und dieselben entweder
nach Gebrauch parallel oder auf Spannung zu schalten.
Diese Regulirungsart findet ihre Anwendung bei Motoren für Strassenbahnen, um grosse Variationen in
Widerstand und Belastung zu erzielen.

Methode 10 ist eine combinirte Anwendung der
vorhergehenden Arten (Fig. 7). Man kann dieselbe
einfach ausführen, indem man den von der Haupt-
zuleitung kommenden Strom in einen doppelpoligen
Umschalter einführt. Eine von den Zuleitungen, der
positive Strom z. B., verlässt die positive Klemme des
Umschalters umkreist die Elektromagnete, und geht,
nachdem er die positive Bürste des Motors mit Strom
versorgt, zum Ausschalter zurück. Der negative Strom
wird in den Ausschalter eingeführt und geht direct zur
negativen Bürste. Auf diese Weise haben wir Serien-
wickelung. Durch ein einfaches Manöver kann nun aus
diesem Serienmotor ein Shunt-Motor gemacht werden.

Methode 11 behandelt einen Nebenschluss, welcher
mit dem Anker parallel geschaltet werden soll. Durch
Variirung dieses Shunts soll dem Anker mehr oder
weniger Strom zugeführt werden. Dies kann nur bei
ganz kleinen Motoren praktisch ausgeführt werden.

Methode 12, welche den Strom für die Elektromagnete in die Bewickelung und in einen variablen, mit der Bewickelung parallel geschalteten Nebenschluss auftheilt, ist praktisch, und kann ohne Anstand durchgeführt werden.

Methode 13 geht dahin, sowohl den Anker als die Elektrobewickelung mit einem veränderlichen Nebenschluss parallel zu schalten. Kann wegen grossen Stromverlustes nicht anempfohlen werden.

Methode 14, den Strom in einem separaten Erreger zu variiren, hat heute nur mehr historischen Werth, da diese Classe von Motoren aus dem Gebrauche gekommen ist. Doch ist gerade diese Regulirungsart eine vorzügliche, da es sehr leicht ist, das magnetische Feld zu variiren, wenn die Erregung des Motors von der Hauptstromzuleitung unabhängig ist.

Methode 15 besteht darin, in einem Motor mit geschlossenem magnetischen Kreise die magnetischen Kraftlinien von dem Anker abzulenken, indem man eine von den Bewickelungen der Elektromagnete kurzschliesst. Der auf diese Weise von keinem Strom umkreiste Eisenkern schliesst die in den anderen Magnettheilen circulirenden Kraftlinien kurz. Das Kurzschliessen der Bewickelungen wird durch einen variablen »Shunt« bewirkt (Fig. 9).

Methode 16 ist der vorhergehenden sehr ähnlich. Den von einander entfernten Polenden der Elektromagnete wird ein Eisenstück genähert, welches den magnetischen Kreis mehr oder weniger zu schliessen bestimmt ist (Fig. 10).

Nun kommen wir zu den Methoden 17, 18 und 19, in welchen die neutrale Linie im magnetischen Felde oder aber die Stellung der Bürsten am Anker variabel gemacht wird.

Die erste dieser Methoden ist wohl bekannt, indem die Bürsten an einem Hebel angebracht sind, durch dessen Verschiebung die Stromabnehmer den Collector in beliebiger Stellung angreifen können. Diese Methode hat den Nachtheil, dass, wenn die Bürsten ausserhalb der neutralen Linie gerückt werden, sich zahlreiche Funken zeigen, welche sowohl die Bürsten als auch den Collector zerstören. (Fig. 11.)

Nun muss aber die Funkenerscheinung an einem Motor insbesondere verhütet werden, da derselbe in den meisten Fällen solchen Personen zur Wartung überantwortet wird, welche den schädlichen Einfluss der Funken nicht ermessen können, und so kommt es, dass der Anker von derlei Motoren selten lange andauert.

Methode 18, welche darin besteht, die Bürsten unveränderlich zu lassen, hingegen aber den Collector des Ankers zu verrücken, ist nur dort anzuwenden, wo der Anker feststeht, während sich die Elektromagnete um denselben drehen.

Methode 19 hat zum Gegenstande, das magnetische Feld zu verschieben und kann durch doppelte Polenden der Elektromagnete erreicht werden, deren Magnetismus veränderlich gemacht wird. Auch hier ist zahlreiche Funkengebung ein unangenehmer Begleiter der Regulirung.

Methode 20 (Fig. 12) besteht darin, dass die Polenden der Elektromagnete beweglich gemacht werden
und vom Anker nach Belieben entfernt werden können.
Diese Anordnung, getroffen von Diehl und Anderen,
ist mechanisch schwer auszuführen und schafft durch
die beweglichen Theile einen Widerstand für die magnetischen Kraftlinien.

Die Methode 21, welche den Anker von den
Polenden entfernt oder denselben nähert (Fig. 13), ist
mechanisch leichter auszuführen und hat viele Vortheile aufzuweisen. Wurde angewendet von Wheeler,
Crocker u. s. w., welche behaupten, damit ausgezeichnete Resultate erzielt zu haben.

Capitel C giebt ein Verzeichniss der möglichen
Fälle, welche bei Motoren-Regulirung und gleichgerichteten Strömen vorkommen können.

Bei derselben kommen vier hauptsächliche Grössen
in Betracht, und zwar:

Potentialdifferenz,

Stromintensität,

Umdrehungsgeschwindigkeit,

Belastung oder Arbeit,

und werden sie bei jeder Motorconstruction entweder
theilweise veränderlich und theilweise constant oder
ganz veränderlich und ganz constant angenommen.

Gewöhnlich unterscheidet man die Motoren in
solche von

constanter Potentialdifferenz,

constanter Stromintensität,

constanter oder veränderlicher Geschwindigkeit,

constanter oder veränderlicher Belastung.

Capitel C ist auf solcher Classification aufgebaut und haben wir 16 Combinationen mit den vier vorhin erwähnten Grössen gefunden.

In den ersten vier Combinationen ist die Potentialdifferenz constant;

in den zweiten vier sind Potentialdifferenz und Stromintensität beide constant;

in den dritten vier ist blos die Stromintensität constant;

und in den letzten vier sind weder die Stromintensität noch die Potentialdifferenz constant.

Fall 1, bei welchem blos die Potentialdifferenz constant ist, bezieht sich auf einen Serienmotor, welcher mit veränderlicher Belastung an einen Stromkreis von constanter Potentialdifferenz angeschlossen ist. Solch ein Motor wird an Geschwindigkeit zunehmen, wenn die Belastung eine geringere wird, und vice versa. Er könnte nie selbstregulirend sein; er wird immer eine grosse Geschwindigkeit bei geringer Belastung annehmen, und er wird sich um so langsamer drehen, je mehr die Belastung zunimmt.

Ein Beispiel von der Anwendung dieses Falles ist der gewöhnliche Strassenbahn-Motor, der an einen Stromkreis von constanter Potentialdifferenz angeschlossen wird und durch Einschaltung von Widerständen in den äusseren oder inneren Stromkreis regulirt wird.

Fall 2 ist jener eines Shunt- oder Compound-Motors, dessen Belastung eine veränderliche ist und der an einen Stromkreis von constanter Potentialdifferenz angeschlossen wird. Derselbe ist selbstregulirend und

behält jederzeit gleiche Geschwindigkeit. Die Stromintensität wechselt im gleichen Verhältnisse zur Belastung.

Fall 3 bezieht sich auf einen gewöhnlichen Shunt-
Motor mit constanter Belastung, welcher einen veränderlichen Widerstand in den Erreger-Stromkreis eingeschaltet hat. Die Vermehrung dieses Widerstandes
würde die Intensität des magnetischen Feldes ab-
schwächen und der Motor würde sich geschwinder
drehen, während die Stromzufuhr eine grössere wird,
d. h. die Stromintensität würde direct mit der Geschwindigkeit variiren.

Fall 4 ist nicht praktisch, da, wenn sowohl Potentialdifferenz als auch Geschwindigkeit und Belastung
constant angenommen werden, die Stromintensität
nicht ohne einen grossen Energieverlust variirt werden
kann.

Fall 5 kann nicht leicht vorkommen, da weder
Potentialdifferenz noch Intensität constant bleiben bei
veränderlicher Belastung und Geschwindigkeit, aber
wenn er vorkäme, müssten Geschwindigkeit und Belastung im umgekehrten Verhältnisse variiren.

Fälle 6 und 7 sind nicht praktisch wegen der
schon bei Fall 4 angeführten Gründe, weil, wenn Potentialdifferenz, Intensität und Geschwindigkeit constant
wären, die Belastung ohne elektrische Energiever-
schwendung nicht veränderlich gemacht werden könnte.
In Fall 7 könnte die Umdrehungsgeschwindigkeit nur
auf Kosten der Energie verändert werden.

In Fall 8 sind alle vier Grössen constant und
kann man sich denselben am besten durch einen Shunt-

Motor veranschaulichen, welcher mit constanter Belastung an einen Stromkreis von constanter Potentialdifferenz angeschlossen wird. In diesem Falle bleiben
sowohl Geschwindigkeit als Intensität constant.

Fall 9 mag veranschaulicht werden durch einen
Shunt-Motor mit veränderlicher Belastung an einem
Stromkreis von constanter Intensität. Die Geschwindig-
keit wird zunehmen, wenn die Belastung reducirt wird.
Ein gewöhnliches Beispiel für einen solchen Fall ist
ein Serienmotor an einem Stromkreise von constanter
Intensität, versehen mit einem Ausschalter, um einzelne
Bewickelungen des Elektros auszuschalten, oder kurz
gesagt: ein Motor für constante Intensität mit variabler
Geschwindigkeit und Belastung.

Fall 10 behandelt einen gewöhnlichen Serienmotor
mit einem Centrifugal-Regulator. Dies ist ausser den
Shunt- und Compound-Motoren eine der gewöhnlichsten
Arten von Motorregulirung.

Fall 11 ist jener eines Motors von constanter
Stromintensität mit constanter Belastung, versehen mit
einem Umschalter, um die Intensität des magnetischen
Feldes zu variiren. Die Potentialdifferenz würde steigen
im gleichen Verhältniss zur Geschwindigkeitszunahme;
aber dieser Fall kann nicht so leicht vorkommen.

Fall 12 ist nicht so praktisch der gleichen Gründe
halber, wie bei Fall 4 angegeben.

Die letzten vier Fälle sind jene, in welchen sowohl Potentialdifferenz als Intensität variiren. Diese
Fälle kommen wohl seltener vor, da die elektrische
Stromvertheilung, an welcher die Motoren angeschlossen
werden, entweder für constante Intensität oder für con-

stante Potentialdifferenz angelegt sind. Doch ist es
möglich, dass derlei Fälle vorkommen und wollen wir
dieselben doch voraussetzen.

Fall 13 kann in der Praxis wohl vorkommen. Es
könnte sein, dass in einem sogenannten constanten In-
tensitäts-Stromkreis die Intensität doch leichtlich, sagen
wir z. B. ein oder ein halbes Ampère variirt. Diese geringe Variation muss bei der Regulirung in Betracht
genommen werden.

Nach der Erwähnung aller dieser Regulirungsarten giebt uns Crocker*) noch folgende Angaben
über die mathematischen Relationen von Potentialdifferenz, Intensität, Geschwindigkeit und Belastung.

Angenommen PCS und L als Ausdruck für die
vier gegebenen Grössen, finden wir

$$P \times C$$

als die totale elektrische Energie in Watts, welche dem
Motor zugeführt wird, oder

$$\frac{PC}{746}$$

in Pferdekräften.

Heissen wir »commerciellen Nutzeffect« a, so wird
die mechanische Pferdekraft, welche von einem Motor
entwickelt wird, mit

$$\frac{aPC}{746}$$

elektrischer Grösse auszudrücken sein.

Für den Mechaniker mag geschrieben werden:

---

*) Vorlesung, gehalten am 22. Mai im American Institute of
Engineers.

$$\frac{2\,\pi\,S\,L}{33000^*)}.$$

Die Distanz zwischen dem Punkte, an welchem die Belastung P gemessen wird, und dem Achsen-Mittelpunkte des Motors ist 1 Fuss. Der Motor macht $2\,\pi$ Fuss pro Umdrehung oder $2\,\pi\,S$-Fuss pro Minute. Dies, multiplicirt durch die Belastung und dividirt durch 33000 giebt uns die Pferdekräfte, welche von dem Motor ausgegeben werden.

Wir haben daher:

$$\frac{a\,P\,C}{746} = \frac{2\,\pi\,S\,L}{33000} = H\,P \text{ des Motors,}$$

$$P\,C = \frac{746 \times 2\,\pi\,S\,L}{33000 \times a} = \frac{S\,L}{7{\cdot}04 \times a}$$

Man mag der Kürze halber schreiben

$$P\,C = \frac{S\,L}{7\,a}$$

und einen Fehler von $1\frac{1}{2}$ Procent annehmen.

Wenn der Nutzeffect a eines Motors 85·2 Procent, so wird der Nominent 7·04 genau: 6 und wir haben

$$P\,C = \frac{S\,L}{6};$$

und wenn der Nutzeffect gleich 75·8 Procent ist, so haben wir

$$P\,C = \frac{S\,L}{5}$$

Crocker meint, diese beiden Nutzeffecte seien die Grenzen, zwischen welchen sich die heutigen Mo-

---

*) Es ist hier von »foot-pound« die Rede. Die hier angegebenen Maasse sind die in Amerika üblichen.

toren bewegen, was ihren commerciellen Nutzeffect anbelangt.

Die Formel

$$PC = \frac{SL}{7\cdot04\,a}$$

oder eine ihrer vereinfachten Formen kann vortheilhafter Weise für Lösung des Problems der Motorregulation angewendet werden. Wenn wir vier der Grössen kennen, können wir die fünfte leicht finden. Ebenso ist gewiss, dass, wenn drei der Grössen constant sind, die zwei anderen entweder in directem oder umgekehrten Verhältniss zu einander variiren werden.

Gewöhnlich verlangt man, dass die Geschwindigkeit constant bleibe; entweder die Stromstärke oder die Potentialdifferenz sind constant, und der Nutzeffect sollte bis zu geringer Belastung constant sein.

Der Nutzeffect ist ein ziemlich störender Factor in der Vorausbestimmung der Motor-Regulation. Wir haben ihn deswegen in den hier angeführten Fällen ganz ausser Acht gelassen. Er soll so hoch als möglich sein und soll auch ziemlich constant erhalten werden.

Wenn die Belastung oder die Geschwindigkeit gleich Null oder sehr gering sind, sollten die Intensität und die Potentialdifferenz im gleichen Maasse verringert werden, und der Nutzeffect würde constant bleiben. Dies ist eine Bedingung für gute Regulirung.

In der Praxis geht immer etwas Strom verloren, und zwar durch den Reibungswiderstand u. s. w., selbst wenn die zu leistende Arbeit gleich Null ist, in welchem

Falle der Nutzeffect gleich Null ist; aber dieser Verlust sollte sehr gering sein.

Das Verhältniss $PC = \dfrac{S\,L}{7 \cdot 04\,a}$ angewendet für jene Fälle, bei welchen ›nicht praktisch‹ angemerkt ist, zeigt z. B. bei Fall 4, dass, wenn P, C und L constant sind, der Nutzeffect a in directem Verhältnisse zur Abnahme der Geschwindigkeit abnimmt. Dies kann nicht angehen. Es zeigt sich auch bei den anderen Fällen, dass es nicht angeht, P, C und L einfach auf Kosten des Nutzeffectes zu variiren, oder in anderen Worten, Strom zu verschwenden, um eine Regulirung zu erhalten.

Betrachten wir nun die üblichen in Gebrauch stehenden Motor-Constructionen.

Als bedeutendste Form haben wir den gewöhnlichen Shunt-Motor für Stromkreis von constanter Potentialdifferenz. Derselbe ist in Tausenden von Exemplaren in Gebrauch und giebt sehr zufriedenstellende Resultate. Ein gut entworfener Motor dieser Art wird bis auf 5 Procent selbstregulirend sein, was für die meisten Zwecke genügend ist. Er hat keinen Regulir-Mechanismus und keine complicirten Hilfsapparate, welche leicht ausser Ordnung gebracht werden. Er ist das Ideal eines selbstregulirenden Motors.

Zunächst ihm kommt der Compound-Motor, welcher etwas genauer, beiläufig bis auf 2 Procent regulirt, und die Geschwindigkeit beinahe constant erhält. Sylvanus Thompson citirt als Beispiel einen Motor, der blos $^{1}/_{2}$ Procent in Geschwindigkeit variirt und zwar bei einer Belastung, welche von 1·1 bis 11·14 Pferdekräften veränderlich ist.

Die Regel für die Compound-Wickelung der Motoren ist folgende:

Die Anzahl der Windungen des Shunt, dividirt durch die Zahl der Windungen der dicken Wickelung ist gleich dem Widerstande des Shunt, dividirt durch den Widerstand des Ankers plus den Widerstand der dicken Wickelung. In Amerika wird diese Regel von Sprague, in Europa von Ayrton & Perry für sich in Anspruch genommen.

Die geringe Schwankung in der Geschwindigkeit, welche doch vorkommt, hat seine Ursache in der Erwärmung der Windungen und anderen geringfügigen Umständen. Der Shunt ändert seinen Widerstand beträchtlich, sobald er warm wird, deswegen sollte die dicke Wickelung einige Windungen weniger haben, als es die Regel erheischt. Die Erwärmung des Shunt schwächt den in ihm kreisenden Strom und folgemässig auch das magnetische Feld, zu gleicher Zeit die Geschwindigkeit erhöhend. Deswegen dreht sich der Motor geschwinder, sobald er eine lange Zeit. unausgesetzt gelaufen ist.

Im Anfang haben diese Motoren viel Unannehmlichkeiten verursacht, indem zwischen dem Shunt und der dicken Wickelung Kurzschlüsse vorkamen, aber man hat diesem Uebelstande durch bessere Isolirung abgeholfen.

Die Geschwindigkeit der Compound-Motoren kann variirt werden durch Einschaltung von Widerständen in den Erregerstromkreis. Diese Einschaltung kann automatisch geschehen, wird aber meist durch Hand bewerkstelligt.

Die nächste wichtigste Type ist der Motor für constante Stromintensität. Die gewöhnlichste Form ist jene, bei welcher durch einen Umschalter eine oder mehrere Magnetwickelungen aus- oder eingeschaltet werden, und zwar entweder durch einen Centrifugal-Regulator oder aber durch Hand.

Verschiedene Formen dieses Motors wurden in Versuch genommen. Man hat z. B. auf die Elektromagnete eine der vorhandenen Bewickelung entgegengesetzte andere Wickelung aufgelegt und in diese letztere einen variablen Widerstand eingeschaltet. Wenn dieser Widerstand gross ist, hat die entgegengesetzte Wickelung keinen oder nur eine geringe Wirkung. Ist der Widerstand aber gering, so werden sich die beiden einander entgegengesetzten Wickelungen zu neutralisiren versuchen und die Intensität des magnetischen Feldes wird abnehmen.

Alle diese Motoren, in welchen der Magnetismus variirt wird, haben den Uebelstand aufzuweisen, dass es eine gewisse Zeit benöthigt, um die Wirkung zu erzielen und die Regulirung ist demzufolge eine sehr träge. Wenn wir versuchen, die Schwankungen im Magnetismus dadurch zu beschleunigen, dass wir den Eisenkern aus verschiedenen Lamellen zusammensetzen, so haben wir Funkengebung, welche von der Selfinduction in den Wickelungen herrühren.

Für Bogenlampen-Beleuchtung sind die Dynamo für constante Stromintensität sehr begehrt; es ist aber nicht praktisch, einen Motor an einen solchen Stromkreis ohne einen Regulator anzuschliessen, da der Motor sich leicht überhasten kann.

4*

Serienmotoren mit Compound-Wickelung zu versehen, um die Geschwindigkeit constant zu erhalten,
ist nicht praktisch. Durch eine solche Anordnung wird
entweder der Nutzeffect sehr gering oder es müssten
Accumulatoren als primäre Stromquelle wirken, um
eine constante Potentialdifferenz zu erhalten.

Die hauptsächlichste Ursache der Funkenerscheinung an dem Commutator des Ankers bei der Motorregulirung ist der Umstand, dass an dem Motor beständig etwas geändert wird, sei es nun an dem Magnetismus des Ankers oder des Feldes, um die Regulirung zu erzielen, und sobald dies geschieht, wird
die Linie des resultirenden Magnetismus geändert, es
wird der funkenlose Punkt verschoben, obwohl die
Bürsten still stehen, und die Bürsten befinden sich
demzufolge nicht mehr am rechten Platze.

Es giebt zwei Ursachen der Funkenerscheinung:
eine ist der mangelnde Contact zwischen der Bürste
und dem Commutator, die andere ist kurzer Schluss
zwischen den Barren. Um Kurzschluss zu vermeiden,
werden die Bürsten an jenen Barren aufgelegt, zwischen
welchen keine Potentialdifferenz existirt. Wird das Potential des Feldes oder des Ankers geändert, wird
hiermit, wie gesagt, auch die Linie des resultirenden
Magnetismus verschoben und die Bürsten bleiben, wenn
sie dieser Bewegung nicht folgen, am unrechten Platze.
Deswegen hat auch die in Fig. 8 von Crocker vor-
geschlagene Motorregulirung (Serienmotor an variablem
Shunt), bei welcher der ganze Strom der Maschine zu
jeder Zeit in derselben Proportion geshuntet wird, den
Vorzug, dass keine Funkengebung stattfindet, indem,

wenn die Kraft geändert wird, auch der Anker und
das Feld sich in gleichem Maasse ändern. Es ist dies
eine der schlechtesten Regulirungsarten, aber sie hat
doch einen Vorzug.

Dr. S. Wheeler schlägt eine Regulirungsmethode
vor, welche interessant ist, ohne praktisch zu sein.
(Fig. 14.) Nach derselben wäre dem Motor ein gezahnter
Commutator beigegeben, welcher von einem Centrifugal-
Regulator bethätigt wird. Auf dem Commutator be-
finden sich zwei Bürsten, welche den Kurzschluss
der Magnetwickelung bewerkstelligen. Wenn sich der
Commutator dreht, und wenn die Bürsten blos die
Spitzen dieser Zähne berühren, wird sich eine metallische Verbindung blos in geringem Maasse herstellen.
Wenn aber der Commutator sich in entgegengesetzter
Richtung dreht, werden die Bürsten die volle Masse
der Zähne berühren, einen breiten Contact herstellen
und die Magnetwickelung vollständig kurz schliessen.
Nun braucht es für einen Dynamo oder einen Motor
immer mehrere Secunden, bis sich das Feld ändert.
Folglich wird, wenn die Wickelung in rascher Weise
kurzgeschlossen und wieder geöffnet wird, der Magnetismus des Feldes sich beim Kurzschluss nicht ganz
verlieren; man wird blos den Grad der Magnetisation
herabmindern, ihn aber an irgend einem Punkte constant erhalten, welcher von der Zeitproportion abhängt,
in welcher der Stromkreis geöffnet und wieder geschlossen wird.

Eine andere Regulirungsmethode wäre folgende:
In einem Motor befänden sich der Anker und die
Magnetbewickelung in Parallelschaltung. (Fig. 15. Ein

Commutator, welcher verschiedene Theile der Magnetwickelung shuntet, wird das Maximum des Feldes herab-
setzen, und in selber Zeit wird ein um den Anker ge-
wickelter Shunt gekürzt. Durch dies wird ein Motor
erreicht, in welchem der Magnetismus des Ankers eben-
sowohl wie jener des Feldes in beinahe gleicher Proportion verringert werden, ohne sich hierzu eines äusseren
Widerstandes zu bedienen. Gegen diese Methode kann
die wichtige Ein-
wendung erhoben
werden, dass in
dem Momente, als
der Anker an Ge-
schwindigkeit zu-
nimmt, die Ge-
genwirkung den
Effect des Shun-
tes wieder ändert.
Solche Motoren
sind häufig ge-
macht worden,

Fig. 14.

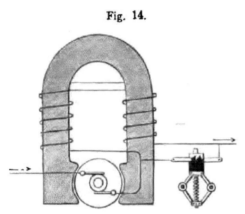

und man bedient sich des Commutators, gerade um eine
grössere Geschwindigkeit zu erzielen. In diesem Falle
wird die sich entwickelnde gegenmotorische Kraft dem
gewollten Zwecke dienstlich gemacht. (Fig. 14.)

Eine alte Methode Sprague's war, die Magnetbewickelung als einen langen Shunt zu benützen, und
den Anker, anstatt ihn mit der ganzen Magnetbewickelung parallel zu schalten, dies nur dann zu thun, wenn
volle Kraft verlangt wurde. (Fig. 16.) Die Enden der
Ankerbewickelung waren an Gleitcontacten angebracht,

welche mit den einzelnen Theilen der Magnetbewickelung
correspondirten. Durch die Hinauf- oder Hinunterbewe-
gung der Gleitcontacte wurde der Shunt verlängert oder
verkürzt, je nachdem Kraft verlangt wurde.

Fig. 17 zeigt die als »C. & C.« bekannte Differen-
tialmethode.

Eine andere Methode ist folgende: Die Magnetbewickelung ist im Shunt mit dem Anker, aber die

Fig. 15.   Fig. 16.

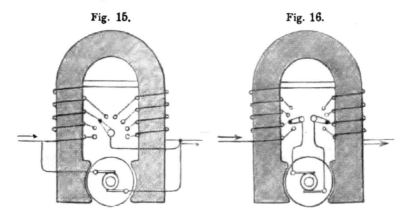

Dicke der Magnetbewickelung variirt. Dieselbe fängt
mit dickem Drahte an, welcher sich immer mehr ver-
jüngt, bis sie schliesslich in einen ganz dünnen Draht
ausläuft. Von dieser Wickelung werden nun an verschiedenen Punkten Abzweigungen gemacht, welche in
einen Commutator eingeführt werden, auf welchem
durch einen an der Motorachse befindlichen Centrifugal-Regulator Contacte hergestellt werden. Nachdem
sich der Anker und die Magnetbewickelung im Shunt
befinden, wird sich der Strom zwischen denselben
theilen und es kann ersehen werden, dass wir für die

dünnen Windungen eine Art Shuntmaschine mit grossem Widerstande in der Magnetwickelung erhalten, was bei schwerer Belastung stattfindet. (Fig. 18.)

Wenn sich die Last vermindert und die Geschwindigkeit zunimmt, führt der Regulator den Contact auf die dicke Wickelung von geringem Widerstande. Der Strom wird sich nun zum grösseren Theile in diese Abzweigung wenden, anstatt in den Anker zu gehen

Fig. 17.   Fig. 18.

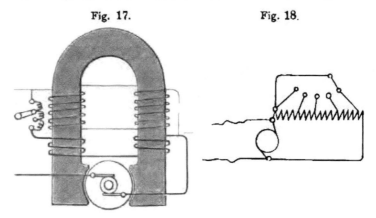

und wir erhalten hierbei eine gute Regulirungsart für Serienmotoren ohne Funkenbildung.

Zum Schlusse noch eine Bemerkung. Theoretisch können alle für Dynamos üblichen Regulirungsarten auch für Motoren angewendet werden. Praktisch aber ist dies nicht der Fall, da sich zum grössten Theile die Motoren in den Händen in Elektricität ganz unerfahrener Arbeiter befinden, welche dieselben nicht so warten können, wie es z. B. mit feststehenden Dynamos geschehen könnte, welche zumeist von guten Mechanikern oder anderen sachverständigen Personen bedient

werden. Der industrielle elektrische Motor muss ungemein
einfach und so robust sein, dass er auch die schlechteste
Behandlung vertragen kann, ohne Schaden zu leiden, und
dem muss auch seine Regulirungsart angepasst werden.

Die Regulirung von Wechselstrommotoren ist eine
gänzlich verschiedene Sache.

Wechselstrom-Motoren.

Allgemeines.

Ein guter Wechselstrom-Motor soll folgende Bedingungen erfüllen:

1. Er soll sich in Drehung versetzen ohne von der
Geschwindigkeit des Generators oder von der Anzahl
der Stromwechslung in der Zeiteinheit abhängig zu sein.

2. Er soll blos eine einzige Drehungsrichtung haben,
d. h. er soll die anfängliche Richtung nicht während
des Laufes verändern.

3. Er soll nicht unbedingt, Umdrehung per Umdrehung, synchron mit dem Generator sein müssen.

4. Die Stromwechsel in dem Motor sollen nicht
gleichzeitige Wechsel im Magnetismus der Eisentheile
des Generators hervorrufen, sobald der letztere bei normaler Geschwindigkeit und Maximum-Nutzeffect arbeitet.

5. Der Wechselstrom-Motor soll einfach sein.

6. Er soll geräuschlos sein.

Eintheilung der Wechselstrom-Motoren.

Die Wechselstrom - Motoren können eingetheilt
werden in vier Gruppen.*)

*) Siehe R e c h n i e w s k i, Lumière Electrique, XXXII, 20.

1. Die Motoren hergestellt durch die Inversion der Wechselstrom-Maschinen, Type S i e m e n s. Diese Motoren müssen sich synchronisch mit der Primär-maschine drehen; sie können sich von selbst nicht in Drehung versetzen, sondern werden gewöhnlich durch einen kleinen Gleichstrom-Motor so lange gedreht, bis sie nicht mit der Primärdynamo synchronisch geworden sind. Man kann diese Art die ›synchronen Motoren‹ nennen.

2. Die Serienmotoren, ebenso hergestellt wie die Serienmaschinen für Gleichstrom; die Elektromagnete und der Anker haben aus dünnen Blechen zusammen-gesetzte Eisenkerne, um die Faucoultströme zu ver-hindern. Diese Motoren sind asynchron, das heisst, sie können Arbeiten in allen Geschwindigkeiten leisten und sich von selbst in Drehung versetzen, aber sie können sich nicht automatisch reguliren und es ist unmöglich, Funkenbildung am Collector zu verhindern.

3. Die Motoren, basirt auf Reactionen im Anker, können wie die vorhergehenden construirt werden, der zugeführte Strom kreist blos in den Wickelungen der Elektromagnete. Der Anker ist in sich selbst kurz-geschlossen. Diese Motoren, zu welchen auch jene von Elihu Thomson gehören, sind ebenfalls asynchronisch, aber noch weniger regulirbar als die vorhergehenden

4. Die Motoren mit sich drehendem magnetischen Feld, wie sie von T e s l a und Galileo F e r r a r i s aus-geführt wurden.

Der Serienmotor. Der Gedanke, einen Wechsel-strom-Motor dadurch herzustellen, dass man die Elektro-magnete einer Serien-Gleichstrommaschine statt aus

einem massiven Eisenkern aus dünnen Blechen macht, liegt
sehr nahe. Der Strom wechselt zu gleicher Zeit in den
Elektromagneten und im Anker, der hervorgebrachte
Effect wird gleicher Richtung sein. Ein solcher Motor
ist asynchron, dreht sich leicht von selbst und doch
ist er nie in die Praxis übergegangen. Eine Ursache
hiervon ist die grosse Funkengebung.

Wenn man einen Wechselstrom in einen solchen
Motor sendet, wird der mag-
netische Flux sowohl in
den Elektros als im Anker
stetig variiren; diese Variation des Flux erzeugt in den
durch die Bürsten kurzge-
schlossenen Wickelungen
des Ankers einen kräftigen
Strom; das ist es, was die
Funken hervorbringt, wenn
eine Collectorlamelle die
Bürsten verlässt. Man mag
welch immer für Stellung
der Bürsten suchen und die
Funkenbildung wird nicht aufhören.

Fig. 19.

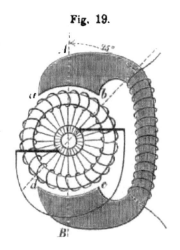

Anker-Reactionsmotoren. Wenn man in die
Elektromagnetbewickelung einer Gleichstrommaschine
einen Wechselstrom sendet und wenn man die Bürsten
kurz schliesst (Fig. 19), dieselben etwa um 45° gegen die
magnetische Achse *AB* verdrehend, so wird man bemerken, dass, wenn der Anker in irgend einer Richtung
in Drehung versetzt wird, er an Schnelligkeit zunimmt
und zur Arbeitsleistung verhalten werden kann.

Wir können unsere Ankerwickelung in vier Re-
gionen theilen: *ab, be, ed* und *cd*. Wenn der magnetische
Flux in dem System variirt, inducirt er in jeder
Wickelung eine elektromotorische Kraft.

Jene, welche in den Regionen *a b* und *c d* symmetrisch zur magnetischen Achse inducirt werden,
heben sich gegenseitig auf, während eine elektromotorische Kraft gleicher Richtung in den Wickelungen
der Regionen *b c* und *a d* inducirt wird. Wir werden
daher eine Potentialdifferenz zwischen den zwei Bürsten

Fig. 20.

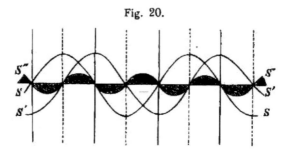

haben, und wenn diese letzteren, wie in Fig. 19
gezeigt, mit einem Drahte kurz geschlossen werden,
erhalten wir im Anker einen Strom.

Dieser Strom, die Regionen *a b* und *d c* durch-
kreisend, wird Kräfte entwickeln, welche den Anker
bald in der einen, bald in der anderen Richtung zu
drehen versuchen; der Anker wird nicht von der Stelle
kommen, nachdem die magnetischen Impulsionen in
beiden Richtungen gleich sind.

Wenn wir die Zeit als Abcisse auftragen, können
wir den Flux als Sinusoïde darstellen; der Strom im
Anker wird jeden Augenblick proportional zur Ab-

zweigung des Flux sein und kann (Fig. 20) durch eine andere Sinusoïde s^I von $\frac{\pi}{2}$, der anderen vorhergehend, dargestellt werden. Nachdem der Strom um $\frac{\pi}{2}$ hinter dem Flux zu spät kommt und nachdem das resultirende Paar sowohl in einer als in anderer Richtung proportional ist zum Flux $\times$ Strom, so werden in beiden Fällen die alternirend hervorgebrachten Wirkungen

Fig. 21.

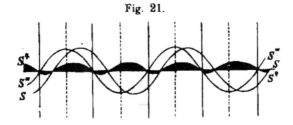

unter sich gleich sein und der Anker wird sich nicht von der Stelle rühren.

Das Paar kann dargestellt werden durch die Sinusoïde s^{II}; die punktirten Flächen stellen die Kräfte in einer, die schraffirten Flächen jene in anderer Richtung dar; diese Flächen sind unter sich gleich.

Wenn sich aber der Anker schon in Drehung befindet, ändern sich die Phänomene. Ein neuer Factor tritt in das System ein: das ist die elektromotorische Kraft, welche in den Wickelungen des Ankers inducirt wird durch deren Bewegung im magnetischen Felde.

Die im Anker durch die Variation des Flux inducirte elektromotorische Kraft kann durch die Sinusoïde (Fig. 21) dargestellt werden. Jene EMF, welche durch die Drehung des Ankers erzeugt wird, ist proportional zum Felde und ist mit $\frac{\pi}{2}$ im Vorsprung vor der anderen und kann durch die Sinusoïde s des Feldes dargestellt werden.

Der Strom im Anker wird erzeugt durch die Verbindung der beiden elektromotorischen Kräfte und kann durch eine andere Sinusoïde s^{III} dargestellt werden, welche im Verhältniss zu s um einen gewissen Bogen φ verschoben ist.

Die Kräfte sind jeden Augenblick proportional zum Producte der zwei Ordinanten ss^{III} und können durch eine Curve s^4 dargestellt werden, in welcher die zu einer Seite der $+$-Achse liegenden Flächen viel grösser sind als die auf der anderen Seite liegenden Flächen. Es ist leicht zu ersehen, dass die Kräfte in der Richtung der Drehung am stärksten sind; der Anker wird sich immer schneller drehen und zu einer gewissen Arbeitsleistung fähig sein.

Um den Motor bei seiner Ingangsetzung nicht mit der Hand antreiben zu müssen, kann man eine Phasenverspätung in dem Ankerstrom dadurch hervorbringen, dass man zwischen die Bürsten eine Spule von grosser Selbstinduction schaltet und sie ausschaltet, sobald der Motor einmal in Schwung gerathen ist.

Gleichstrom- und Wechselstrom-Motor.

Die Westinghouse - Company in Amerika war die erste, welche einen Wechselstrom-Motor (erdacht von Nikolas Tesla) zu industriellem Gebrauche auf den Markt brachte. Wir wollen uns daher zuerst mit dem beschäftigen, was die Promotoren dieser Erfindung zu deren Gunsten anzuführen wissen.

Zuerst wird natürlich dem Gleichstrom-Motor sein wunder Theil, der Commutator vorgeworfen, und in Erinnerung gebracht, dass der Tesla'sche Wechselstrom-Motor keinen Commutator, keine irgendwie geartete elektrische Verbindungen mit dem Anker habe und dass die Drehungskraft einzig und allein auf Induction beruhe.

Dieser Einwurf ist kein ernsthafter. Commutatoren und Bürsten nützen sich ab, das ist wahr, aber man ist heute denn doch schon dazu gelangt, diese Abnützung auf ein Minimum zu reduciren.

Doch gehen wir weiter. Der Westinghouse-Motor besteht aus einer Serie von Feldmagneten, bewickelt mit zwei Wickelungen, deren Enden an Klemmen angemacht sind, an welche der Zuleitungsstrom geführt wird. Diese Klemmen bilden die einzige Verbindung mit dem primären Strome, welcher von zwei Drähten zugeführt wird.

Der Rückleitungsdraht (return wire) macht es möglich, zwei Wechselströme zu gleicher Zeit durch das Magnetfeld des Motors zu senden. Die Pulsationen dieser zwei Ströme sind gleichgeartet, aber nicht simultan. Diese zwei Ströme bewirken eine rapid rotirende Polarität des Magnetfeldes.

Der Anker ist in Construction und Form einem gewöhnlichen Siemens-Trommelanker gleich, ohne einen Commutator zu besitzen. Die Wickelung des Ankers ist viel einfacher und besteht in einigen Windungen verhältnissmässig dünnen Drahtes, dessen Enden, anstatt an einen Commutator oder Gleitcontact geführt zu werden, zusammengelöthet sind, dergestalt einen geschlossenen Stromkreis bildend, der keine Verbindung mit dem primären Strom hat. Die Wechselströme in den Elektromagneten induciren secundäre Ströme im Anker und durch die Anziehung zwischen diesen letzteren und der rotirenden Polarität des Magnetfeldes ist die Drehung des Ankers bewerkstelligt, dessen Umdrehungen zu der Rotation des Magnetfeldes in directem Verhältnisse stehen.

Wenn der Motor keine Arbeit verrichtet, ist der Synchronismus beinahe genau und blos wenig Strom durchfliesst den Anker oder die Magnete; je mehr der Motor aber belastet wird, desto mehr nimmt die verbrauchte Strommenge zu.

Die Reaction zwischen dem Anker und dem Feld ist zu vergleichen mit jener, welche zwischen den primären und secundären Wirkungen eines Transformators statthat.

Der Motor kann an irgend einen für Lichterzeugung verwendeten Stromkreis angeschlossen werden, wenn man für einen gesonderten Rückleitungsdraht sorgt; auch kann der Motor als Dynamo in Verwendung kommen.

Durch eine besondere Anwendung des Transformatorenprincipes kann dieser Motor in Geschwindigkeit geregelt und verkehrt laufen gemacht werden, ohne dass hierzu Umschalter oder Widerstände nothwendig wären.

Der Wechselstrommotor ist compacter als der Gleichstrommotor und von leichterem Gewichte im

Verhältnisse zur verausgabten Kraft. Er kann eben-
sowohl an einen Transformator, als an einen primären
Stromkreis angeschlossen werden.

Die Isolation des Ankers ist leicht aufrecht zu
erhalten, da der in demselben kreisende Strom geringe
Potentialdifferenz hat.

Soweit die Westinghouse-Gesellschaft.

Hierauf antwortet Herr A. du Bois-Reymond über
die Schwierigkeiten, welche der Arbeitsübertragung
durch Wechselstrom im Wege stehen, Folgendes:

Im Westinghouse-Motor wird in einem Ring durch
die zwei um ein Viertel der Periode gegen einander
zeitlich verschobenen Wechselströme das rotirende
Feld erzeugt. Er dient als Feldmagnet und steht fest.

In seinem Innern ist ein gewöhnlicher Gleichstrom-
Anker gelagert, den wir uns zunächst ohne Wickelung
denken wollen. Durch die Drehung des Feldes im
äusseren Ringe wird der innere Anker mitgenommen
und da er nach allen Seiten symmetrisch ist, braucht
er nicht dem rotirenden Felde synchron zu folgen.

Da aber die Pole des inneren Ankereisens sich
immer beinahe genau gegenüber den rotirenden Polen
des äusseren Ringes bilden werden, d. h. in einer Lage,
in der die drehende Kraft nahezu Null ist, so versieht
der Erfinder, Herr Tesla, diesen inneren Anker mit
einer Wickelung, die er ringsherum in sich kurzschliesst.

Da nun der innere Anker nicht mit derselben
Geschwindigkeit rotirt wie das Feld im äusseren Ringe,
so kann man sich das Feld ruhend, den inneren Anker

Fodor, Elektr. Motoren. 5

mit der Differenz der beiden Geschwindigkeiten in
umgekehrtem Sinne rotirend denken.

Man sieht alsdann, dass das System genau einer
gewöhnlichen Gleichstrommaschine entspricht, deren
Wickelung in sich kurzgeschlossen wäre und deren
Anker in der wahren mechanischen Drehung entgegengesetzter Richtung mit der Differenz seiner mechanischen Geschwindigkeit und der Geschwindigkeit der
Rotation des Feldes im äusseren Ringe rotirte.

Die entstehenden Ankerströme erzeugen eine Verzerrung des Feldes, und nun kann also je nach der
Grösse jener Differenz der Geschwindigkeiten ein
drehendes Kräftepaar von grösserer oder geringerer
Wirkung zu Stande kommen.

Es ist unsere Aufgabe, zu untersuchen, wie weit
wir den Versprechungen der Westinghouse-Gesellschaft
trauen dürfen, welche behauptet, dass ein solcher Motor
einen gleich guten Wirkungsgrad ergäbe, wie die besten
Gleichstrom-Motoren.

Zunächst fällt auf den ersten Blick auf, dass die
magnetische Anordnung nicht so günstig gemacht
werden kann, wie bei einem Gleichstrommotor, denn
da zwischen dem Eisen des ringförmigen Feldmagnets
und des Ankers zwei Wickelungen Platz finden müssen,
so muss der Luftraum zwischen Eisen und Eisen ungefähr doppelt so gross sein, wie bei dem entsprechenden Gleichstrom-Motor.

Das wäre vielleicht nicht von grosser Bedeutung, es
ist aber nicht schwer einzusehen, dass die Ummagnetisirungsarbeit nothwendig eine erheblich grössere sein
muss, als bei einem Gleichstrom-Motor derselben Leistung.

Denken wir uns einen Gleichstrom-Motor, dessen Anker dieselben Abmessungen und dieselben Wickelungen besässe, wie der betrachtete Tesla-Motor; denken wir uns beide Anker mit derselben Umlaufszahl rotirend, dann wird, gleiche mechanische Belastung vorausgesetzt, in beiden Ankern eine gleiche Ablenkung des Feldes und ein gleicher Sättigungsgrad stattfinden müssen. Da in beiden die Ablenkung des Feldes nur eine Folge der Ankerströme ist, so werden die Ankerströme in beiden gleich sein müssen.

Beim Tesla-Motor werden nun die Ankerströme durch Ummagnetisirung des Ankereisens inducirt, beim Gleichstrom-Motor ist die Ummagnetisirung unter sonst gleichbleibenden Verhältnissen von den Ankerströmen abhängig. Es folgt, dass in beiden Ankern nahezu dieselbe Ummagnetisirungsarbeit verbraucht werden wird.

Beim Gleichstrom-Motor findet aber keine weitere Ummagnetisirung ausser der des Ankers statt, während beim Tesla-Motor die Ummagnetisirung des Ankers proportional jener oben definirten Differenz der Drehungsgeschwindigkeit ist.

Soll also die Umlaufszahl der mechanischen Drehung seines Ankers dieselbe sein wie beim Gleichstrom-Motor, so muss das Feld im äusseren Ringe beim Tesla-Motor zweimal so schnell rotiren als der Anker. Es ist somit für gleiche Leistung die verbrauchte Ummagnetisirungsarbeit im Tesla-Motor nicht allein in dem Maasse grösser, als die verbrauchte Ummagnetisirungsarbeit im Gleichstrom-Motor, als die Gesammteisenmasse des Motors grösser ist als die Eisenmasse des Ankers, sondern

5*

sie ist noch recht erheblich grösser. Wir sehen also, dass auch der Tesla-Motor es noch nicht mit den Gleichstrom-Motoren in Betreff des Wirkungsgrades aufnehmen kann.

Der wesentliche Vortheil dieses Motors beruht also wohl zum allergrössten Theile in der verhältnissmässig einfachen Bauart. Man bedarf keines Commutators und der arbeitübertragende Strom wird nur feststehenden Theilen zugeführt. Dieser Vortheil wird aber leider durch eine Schwierigkeit aufgewogen, über welche die Westinghouse-Gesellschaft hinweggeht. Sie behauptet, man brauche nur eine dritte Leitung als Rückleitung anzulegen, um die gewöhnlichen Beleuchtungsstromkreise benützen zu können.

Allerdings trifft es zu, dass man zur Rückleitung der beiden gegen einander um eine Viertelphase verschobenen Wechselströme nur einer Leitung bedarf, wenigstens wenn der sogenannte scheinbare Widerstand der Leitung gegen den des Motors verschwindet.

Aber vor allen Dingen muss in der Centrale eine besondere primäre Maschine aufgestellt werden, welche zwei gegen einander zeitlich verschobene Wechselströme erzeugt. Und dann ist es nicht einmal richtig, dass man dieselben Drähte benützen kann, mit denen die Beleuchtung gleichzeitig betrieben wird, denn diese führen einen Wechselstrom, welcher aus dem Transformator kommt, dessen Phase also entsprechend der jeweiligen Belastung des Transformators Schwankungen unterliegt.

Diese Bedenken würden allerdings bis zu einem gewissen Grade an Gewicht verlieren, wenn eine Central-

anlage von vornherein für das Tesla-System projectirt
und eingerichtet würde.

Wenn der Motor eine gute Nutzwirkung im Verhältniss zu seiner Grösse erzielen soll, muss das von
dem Anker hervorgebrachte magnetische Feld beinahe
gleich stark wie jenes der Feldmagnete und von entgegengesetzter Polarität zum letzteren sein. Diese Bedingung kann im Tesla-Motor nicht erzielt werden. Die
Grösse, welche ein Motor dieser Gattung erzielen kann,
ist beschränkt durch die Wirkung der enormen Self-
Induction des Feldes. Derlei Motoren können nach Anschauungen Vieler blos für geringen Kraftverbrauch
Anwendung finden.

Verschiedene andere Wechselstrom-Motoren.

Der Motor Van Depoele's besteht aus einem
Ankerring aus Blatteisen, auf welchem zahlreiche Spulen
zu einem geschlossenen Stromkreis aufgewickelt sind.
Ein Magnetring mit zahlreichen Polenden umschliesst
den Anker, in dessen Innerem sich als Kern ebenfalls
fixe Magnetpole befinden. Die Wirkung des Motors
wird folgendermaassen beschrieben: Eine in den Haupt-
Magnetbewickelungen entstehende primäre Stromphase
wird die Polenden des äusseren Magnetringes magneti-
siren, und die von den Polenden durch den Anker
gehenden Kraftlinien werden im Stromkreis des Ankers
secundäre Strome induciren. Diese secundären Ströme
werden im Ankerkern definitive Pole etabliren, welch
letztere entgegengesetzter Polarität zu jenen primären
Polenden sein werden, durch welche ihr Magnetismus
hervorgerufen wurde. Dieselbe primäre Stromphase

durch welche der Ankerkern magnetisirt wurde, wie
soeben beschrieben, wird in den secundären Feldmag-
net-Bewickelungen secundäre Ströme induciren, und da
die primäre Phase im primären Stromkreis erstirbt,
werden die hiebei inducirten secundären Ströme die
secundären Polenden im Anker zum Maximum magne-
. tischer Kraft bringen. Das Ganze ist als ein von Prof.
Ferrari zuerst vorgeschlagener Transformator-Motor zu
betrachten, bei welchem die primäre Spule auf eine
Magnet-Serie ausserhalb des Ankers und die secundäre
Spule auf eine Magnet-Serie innerhalb des Ankers aufgewickelt ist.

Dr. Sumpner will die Nothwendigkeit eines dritten
Zuleiters zum Tesla-Motor dadurch aufheben, dass er
einen Plan Ferrari's adaptirend, zwei entgegengesetzte
Quadranten der Tesla'schen Elektromagnete mit zahl-
reichen Touren dünnen anstatt einigen Touren dicken
Drahtes versieht.

Das Princip des Motors basirt auf der eine Viertel-
Periode betragenden Phasendifferenz zwischen den zwei
Potentialen in einer Spule von grosser Selfinduction
und einer inductionslosen Spule von grossem Widerstand. Die Spulen in den entgegengesetzten Quadranten
sind auf Spannung geschaltet. Wenn dieselben von
um eine Viertelperiode-Phase differirenden Wechselströmen durchflossen werden, wird jeder Magnetpol in
je einer Viertelperiode von einem Quadranten zum
nächsten übergehen und die Polarität wird im Ring
im selben Verhältniss rotiren wie die Geschwindigkeit
der Stromphasen.

Der Motor Mordey's. Mr. Mordey hat einen Wechselstrommotor angegeben, für welchen jede beliebige Gleichstrommaschine angewendet werden kann. Jedenfalls aber müssen die Elektromagnete aus Blatteisen hergestellt werden. Dies geschieht nicht, weil der Wechselstrom zur Erregung des magnetischen Feldes benützt wird, sondern einer anderen Ursache wegen.

Leblanc beschreibt den Motor folgendermaassen: Zu dem gewöhnlichen Commutator und den Bürsten einer Gleichstrommaschine wird ein zweiter Commutator mit zwei isolirten Halbringen hinzugefügt. Diese Ringe sind mit dem gewöhnlichen Commutator durch Schleifcontacte elektrisch verbunden. Die auf dem Halbring-Commutator aufliegenden Bürsten empfangen den Wechselstrom.

Es ist ersichtlich, dass, wenn der Motor mit einer der periodischen Zeit gleichen Geschwindigkeit läuft, der Wechselstrom seine entgegengesetzten Phasen in derselben Richtung haben wird, sobald er den ersten Commutator durchflossen hat. In der Praktik kann man einen Halbring-Commutator nicht anwenden, da der Motor mit einer enormen Geschwindigkeit laufen müsste. So lange der Motor beim Anlassen nicht seine normale Geschwindigkeit erreicht hat, werden die Elektromagnete von einem Wechselstrom durchflossen sein. Sobald die Geschwindigkeit zunimmt, wird der Halbring-Commutator graduell diesen Wechselstrom in einen gleichgerichteten verwandeln. Um auf dem Halbring-Commutator Funken zu vermeiden, schaltet Mordey zwischen die zwei grossen Segmente zwei kleinere,

welche durch einen Widerstand mit einander verbunden
sind, durch welche der Kurzschluss des Motors verhindert wird, sobald die Bürsten die Halbringe
wechseln.

Der Motor Patten's. Das Grundprincip dieses
Motors ist nach dem Erfinder folgendes: »Die Polarität eines geschlossenen Stromkreises kann mit einem
Wechselstrom constant erhalten werden, wenn entgegengesetzte Impulse geschaffen werden, damit der
Kreis in entgegengesetzter Richtung durchflossen
werde« (... causing opposite impulses to traverse the
circuit in opposite directions). Bei jedem Stromwechsel
in dem Anker wird gewöhnlicherweise auch die Polarität des Magnetfeldes verändert. Wenn nun die
Stellung der Bürsten bei jedem Stromwechsel so verändert oder verdreht werden könnte, so dass sie immer
gleichpoligen Strom empfangen, würde das Ziel erreicht
sein. Da es aber nicht möglich und auch nicht praktisch ist, die Bürsten derart verdrehbar zu machen,
hat Patten eine eigenthümliche Ankerwindung erdacht,
welche das magnetische Feld constant erhält. Der
Anker hat gewöhnliche Gramme-Wickelung mit, sagen
wir, acht Spulen, welche einen vollständig geschlossenen Stromkreis bilden. Spule 1, 3, 5 und 7 sind direct
mit den correspondirenden Commutatorbarren verbunden, während Barren 2, 4, 6, 8 mit den diametral
gegenüberliegenden Punkten der Ankerbewickelung verbunden sind. Wenn nun in die Enden der Ankerbewickelung eine Wechselstromquelle eingeschlossen wird,
und wir stellen uns vor, dass bei jedem Stromwechsel
der Ankerring eine Drehung beschreibt, welche dem

durch je eine Barre gebildeten Kreisbogen des Com-
mutatorumfanges entspricht, so wird trotzdem eine
constante Polarität in den oberen und unteren Punkten
des Ringes erhalten werden, ohne dass die Bürsten
um den Commutator gedreht werden müssten.

Sagen wir, der Anker hätte einen Stromimpuls
von $+$ nach $-$ empfangen. Bei dem nun folgenden
Stromwechsel geht der Strom von der Bürste auf z. B.
die Commutatorbarre 4, von hier nach der diametral
entgegengesetzten Seite der Ankerbewickelung, geht
durch dieselbe zu beiden Seiten der Wickelung nach
einem anderen entgegengesetzten Punkte und verlässt
durch Barre 8 den Anker. Der Wechselstrom wird
also nicht durch den Commutator gleichgerichtet, sondern wird gezwungen, den Anker auf solchem Wege
zu durchstreifen, dass die Polarität desselben constant
erhalten wird.

In Wirklichkeit baut Patten seinen Motor mit
doppeltem Commutator. Der Anker ist ein gewöhnlicher Gramme-Anker, von dessen Commutator der
Erregerstromkreis abgezweigt wird. Ein anderer Commutator auf derselben Welle empfängt den Wechselstrom und leitet denselben durch den ersten Commutator in den Anker.

Der Wechselstrommotor des Lieut. Patten ist
identisch, was das Princip anbelangt, mit jenem Mordey's. In dem Patten-Motor findet der zweitheilige
Commutator Mordey's keine Anwendung; die syn-
chronischen Stromwechslungen in den Magnetwickelungen werden durch eine eigenthümliche Ankerbewickelung erzeugt. Der Motor ist selbsterregend. Das

System mag als ein Gleichstrommotor auf einem
Wechselstromkreis bezeichnet werden. Wenn der Synchronismus erreicht ist, durchgeht der Wechselstrom,
oder besser gesagt, der durch Commutation hergerich-
tete Wechselstrom die parallelen Stromkreise des Ankers stets in selber Richtung, was eben durch die
Ankerbewickelung bewirkt wird.

Der Motor des Prof. Elihu Thomson. Der
Letztgenannte hat wahrgenommen, dass, wenn ein
Elektromagnet, dessen Bewickelung von einem Wechselstrom durchflossen war, einem anderen Elektromagnete,
dessen Bewickelung in sich geschlossen war, genähert
wurde, die zwei sich gegenseitig abstiessen. Auf diese
Wahrnehmung basirt sich Thomsons Motor, von
dessen industrieller Verwerthung nichts Bemerkens-
werthes vorliegt. Auch hier kann der grossen Selfinduction wegen nur von beschränkter Verwendung die
Sprache sein.

Leblanc's Motor. Leblanc beschreibt seinen
Motor folgendermaassen: Derselbe besteht aus:

1. einem feststehenden Ringanker;

2. einem beweglichen Magnetfeld in der Form
eines Gramme- oder Pacinotti-Ringes, eingesetzt in
das Innere des Ankers und mit einem Collector versehen;

3. einer kleinen Wechselstrom-Maschine (oder Motor) mit permanenten Magneten, deren Anker auf die
Welle der Maschine aufgesetzt ist. Dieser Anker ist
mit dem Kreis des ersten Ankers auf Spannung geschaltet und dreht sich, seinen Strom von dem Gene-

rator erhaltend, synchronisch mit dem Generator. Der Zweck dieses Ankers ist, eine gewisse Anzahl Bürstenpaare zu drehen, welche auf dem Commutator des sich drehenden Magnetfeldes aufliegen. Die Anzahl der Bürstenpaare ist gleich der gewünschten Anzahl von Magnetpolen und proportional zur Anzahl der Wechselungen des zugeführten Stromes.

Unter diesen Verhältnissen wird ein Strom stets in derselben Richtung in dem sich drehenden Magnetfeldring entwickelt und ergänzt dieser Strom seinen Kreis durch die Bürsten, nachdem er das Magnetfeld erregt hat. Die Maschine ist selbstangehend.

Synchroner Wechselstrom-Motor, System Zipernowsky — Déri — Bláthy.

Die von den Erfindern verfasste Patentschrift lautet folgendermaassen:

Ein synchroner Wechselstrom-Motor wird durch Zuführung von Wechselströmen in die Armatur in Bewegung gesetzt und erhalten, wobei beim normalen Gange die Anzahl der Magnetpolvorübergänge vor jeder der Armaturspulen gleich ist der Zahl der Stromrichtungswechsel des zugeführten Wechselstromes. Als solcher Synochron-Motor ist eine magnet-elektrische oder eine Wechselstrom-Maschine, deren Magnete von einer anderweitigen Quelle durch Gleichströme erregt werden, ohneweiters verwendbar, doch muss selbe durch einen nicht vom Wechselstrome herrührenden Aufwand bewegender Kraft auf die synochrone Tourenzahl gebracht werden, worauf erst durch Einleitung des Wechselstromes in die Armatur diese Geschwindigkeit auch gegen einen mechanischen Widerstand erhalten wird, sofern derselbe die Capacität des betreffenden Motors nicht übersteigt.

In einem synchronen Wechselstrom-Motor kann aber die Erregung der Magnete ebenfalls vom Wechselstrom besorgt werden; dazu ist ein mit der Maschine rotirender Commutator nothwendig, welcher den einzelnen Stromimpulsen in den Magneten die entsprechende Richtung giebt. In einfachster Gestalt besteht dieser Commutator aus so vielen Sectoren, als die Motorarmatur, beziehungsweise die Magnete Spulen enthält, wovon die paarzahligen Sectoren unter einander und mit dem einen Ende der Magnetbewickelung, und die unpaarzahligen unter einander und mit dem anderen Ende der Magnetbewickelung in elektrischer Verbindung stehen, während durch zwei Bürsten oder Bürstengruppen der Wechselstrom dem rotirenden Commutator zugeführt wird. Bei entsprechender relativer Stellung der Bürsten gegen die Sectoren im Momente des Gegenüberstehens der Armaturspulen und der Magnetpole ist es ersichtlich, dass (synchronen Gang vorausgesetzt) jedesmal beim Richtungswechsel des Wechselstromes die Reihenfolge der elektrischen Verbindungen von Stromzuführung zu Magnetbewickelung umgekehrt wird, so dass im normalen Gange die Magnete wohl mit einem intermittirenden, aber gleichgerichteten Strome erregt werden, also die Magnete immer gleiche Polarität behalten, der Motor also in synchronem Gange verbleiben kann. Ein Schema der wesentlichen Theile eines solchen Motors ist in Fig. 22 dargestellt. *A* sei eine der feststehend angenommenen Armaturspulen des Motors, *M* eine der rotirenden Magnetspulen, C der mitrotirende Commutator; die schraffirten Sectoren stehen unter einander und mit *1*, die licht gelassenen unter einander und mit *2* in leitender Verbindung. Von den Zuleitungen L wird der Wechselstrom sowohl für die Armatur als auch für die Magnete entnommen, und zwar kann dies entweder, wie in der Figur angedeutet, einfach direct geschehen, oder aber auch durch die Vermittlung von Inductionsspulen (Transformatoren), welche die Spannungs- und Stromverhältnisse der Leitung, eventuell in für den Motor geeignete umwandeln können. Die Bürsten B_1 und B_2 sind so eingestellt, dass in einem gegebenen Momente die eine auf einem lichten, die andere auf einem dunklen Sector schleift und der Sectorwechsel im Momente des Vorüberganges von M vor A stattfindet. Bei einem Motor mit feststehenden

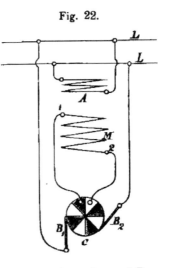

Fig. 22.

Magneten und rotirender Armatur sind noch zwei Paar Schleifcontacte erforderlich, um der Armatur den Strom zuzuführen und für die Magnete den vom rotirenden Commutator gewendeten Strom abzunehmen.

Motoren, die in den beschriebenen Weisen angeordnet sind, können aber auch mit dem Wechselstrom in Gang gebracht werden, wozu nur noch erforderlich ist, dass die Eisenmassen des magnetischen Feldes in

bekannter Weise durch Untertheilung gegen das Auftreten schädlicher Inductionsströme in denselben ge-
sichert seien. Stellt man nämlich Armatur und Magnete
desselben in eine günstige Lage gegeneinander (oder
ertheilt dem Motor einen nur ganz geringen Impuls)
und leitet den Wechselstrom zu, so wird sich der
Motor in Bewegung setzen und seine Geschwindigkeit
allmählich bis zur Erreichung des Synchronismus
steigern; denn bei jedem Richtungswechsel des zugeführten Wechselstromes kehrt sich derselbe sowohl in
Armatur als Magneten um (insolange noch nicht synchroner Gang erreicht ist), so dass die gegenseitige
Kraftwirkung der Magnete auf die Armatur ihre Richtung nicht wechsel und die einzelnen Impulse in ihren
Wirkungen sich addiren, und besorgt der Commutator
die durch Aenderung der relativen Stellung von Armatur und Magneten nothwendig werdenden Um-
kehrungen. Ein in der bisher auseinandergesetzten
Weise angeordneter Motor wäre aber praktisch unbrauchbar wegen der grossen Funken, die am Commutator während des Angehens und auch bei voller
Tourenzahl auftreten, und bezweckt die Erfindung,
funkenlosen oder doch nahezu funkenlosen synchronen
Gang zu erzielen.

Es entstehen nämlich bei jeder Alternation des
zugeführten Stromes in den Magnetbewickelungen
kräftige Extraströme, die beim Uebergange der Bürsten
von einem Sector zum nächsten zu heftigen Funken
Veranlassung geben. Der zugeführte Wechselstrom
ist nämlich nur während eines Theiles jeder Periode
ausreichend intensiv, um den Magnetismus des Feldes

auf genügender Stärke zu erhalten, wohingegen während
eines gewissen Zeitraumes vor und nach dem Richtungswechsel die Intensität des zugeführten Stromes
zur Erhaltung des magnetischen Feldes nicht ausreicht,
der Magnetismus also rasch im Verschwinden begriffen
ist und in der Magnetbewickelung und den Zuleitungen
ein kräftiger Extrastrom erzeugt wird, der im Momente
des Sectorwechsels der Bürsten eine Bahn von geringerem Widerstande findet, die aber sofort unterbrochen
wird, wodurch Veranlassung zu starken Funken gegeben ist. Ausserdem ist die Intensität des magnetischen Feldes sehr grossen Schwankungen unterworfen
und in Folge dessen der Gang des Motors ein un-
sicherer; er fällt leicht aus dem Synchronismus heraus.

Wir haben nun gefunden und durch zahlreiche
Versuche constatirt, dass alle diese Uebelstände vermieden werden können, wenn die Magnetbewickelung
schon eine gewisse Zeit vor dem Stromrichtungswechsel in sich kurzgeschlossen wird, indem so der
Extrastrom nur in der eigenen Bewickelung des Magnets,
nicht aber auch in den Zuleitungen verlaufen kann,
auf dieser Bahn geringeren Widerstandes viel intensiver wird und so der Magnetismus auf einem im
Durchschnitte höheren Niveau erhalten wird. Die
Bürsten können dann so eingestellt werden, dass im
Momente des Sectorwechsels der Extrastrom und der
zugeführte Strom sich gerade die Wage halten, wodurch die Veranlassung zum Auftreten der Funken
behoben ist. Die zeitweilige Kurzschliessung der
Magnetbewickelung wird erreicht durch die Anwendung
von vier Bürsten (oder Bürstengruppen) am Commu-

tator, von denen je zwei und zwei mit einer Zuleitung
verbunden, gegen einander aber etwas verstellt sind
(siehe Fig. 23). Die Bürsten 1 und 2 sind mit der einen
der Zuleitungen, 3 und 4 mit der anderen verbunden.
Wie ersichtlich, beginnt in der gezeichneten Stellung
eben der Kurzschluss der Magnetbewickelung und erreicht sein Ende, bis Bürste 2 den dunklen Sector
verlässt (1 und 2 sind in derselben Stellung gegen
den dunklen Sector als 3 und 4 gegen den lichten).
Der Abstand der Auflagepunkte der Bürsten 1 und 2

Fig. 23.   Fig. 24.

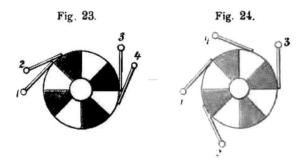

am Commutator ist $^1/_4$ bis $^1/_2$ der Breite eines Com-
mutatorsectors. Die mit einer Zuleitung verbundenen
Bürsten brauchen nicht gerade auf einem und demselben Sector aufzuliegen, sondern können auch auf
verschiedenen Sectoren derselben Art schleifen; die
in Fig. 24 dargestellte Stellung ist mit Bezug auf den
Effect identisch mit Fig. 23. Selbstverständlich könnte
statt der getrennten Bürsten 1 und 2 (oder entsprechenden Gruppen von Bürsten) auch eine so dicke Bürste
(oder Gruppen derselben) verwendet werden, dass selbe

allein schon einen entsprechenden Bogen des Commu-
tatorumfänges berührt.

Zahlreiche Versuche haben dargethan, dass mit
der beschriebenen Anordnung kurzschliessender Bürsten
bei geeigneter Einstellung derselben im synchronen
Gange des Motors gar keine Funken am Commutator
auftreten, und dass auch der Motor mit grosser Energie
im synchronen Gange zu verbleiben strebt. Das
Bürstenpaar 1 und 3 ist zusammen zu verstellen, ebenso

Fig. 25.

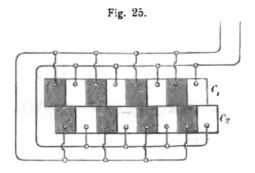

auch 2 und 4. Zweckmässiger Weise wird deshalb
jedes der genannten Paare von einer eigenen Brille
getragen und beide Brillen werden verdrehbar eingerichtet. In diesem Falle ist dann die Vertheilung der
Bürsten wie in Fig. 24 vorzuziehen. Es ist ersichtlich,
dass man die eine der vier Bürsten ohne Aenderung
der Wirkung auch weglassen kann, doch wird man
in der Regel vorziehen, vier Bürsten anzuwenden, um
bei eventuellem Auswechseln derselben nicht behindert
zu sein. Statt jeder der Bürsten können auch zwei
oder mehr neben einander befindliche angewendet
werden.

Fodor, Elektr. Motoren.   6

Mit der beschriebenen Bürstenanordnung ist der
Motor, wenn er den synchronen Gang erreicht hat,
wohl befriedigend, hingegen findet das Angehen sehr
schlecht oder auch gar nicht statt, insbesondere ist
das Moment des Motors, so lange die Tourenzahl eine
geringe ist, ein zu kleines, um ihn in dem normalen
Gang zu beschleunigen. Es ist vielmehr für das Angehen nur die Anwesenheit von Bürsten nach Fig. 22
oder wohl nach Fig. 23 oder 24, aber mit einer sehr
geringen Verstellung zwischen den zu einer Zuleitung

Fig. 26

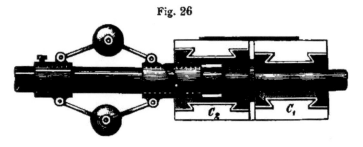

gehörigen Bürsten erforderlich. Daher wird entweder
ein Ausschalter angebracht, mittelst dessen zum Angehen das eine der Bürstenpaare 1 und 3 oder 2 und
4 ausser Verbindung mit den Zuleitungen gesetzt
werden kann, oder aber es wird während des Angehens das eine der genannten Bürstenpaare durch
Verdrehen der Brille in nahezu gleiche Stellung relativ
zu den Sectoren gebracht, in der sich das andere Paar
befindet, und kann diese Verstellung durch geeignete
Anschläge an den beiden Bürstenbrillen geregelt sein.
Hat der Motor die Geschwindigkeit des Synchronismus erreicht, so schaltet man mit dem Ausschalter

das zweite Paar Bürsten ein, oder stellt es mit der
Brille wieder in die für den synchronen Gang zweck-
mässige Stellung.

Die Kurzschliessung der Magnetbewickelung kann
statt durch Verstellen der Bürsten 1 und 2 (Fig. 23)
gegen die Sectoren auch dadurch erreicht werden, dass
man zwei Commutatoren neben einander anordnet,
deren Sectoren gegen einander um den Bogenbetrag
des erforderlichen Kurzschlusses verdreht sind (oder

Fig. 27.

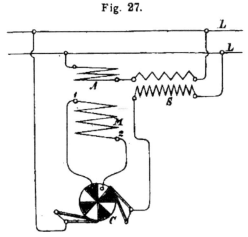

einen Commutator mit stufenförmigen Sectoren), wie in
Fig. 25. Die zum Angehen nothwendige Weglassung
des Kurzschlusses kann durch Ausschalten der elektrischen Verbindungen zu den Bürsten des einen Commutators oder durch Verdrehen der Commutatoren
gegen einander erfolgen, welch' letzteres entweder von
Hand aus oder durch einen automatischen Regulator
(Fig. 26) ausgeführt werden kann.

6*

Um während der Dauer des Kurzschlusses ein
zu starkes Anwachsen des Stromes in den Zuleitungen
zu verhindern, schalten wir in die Zuführungen zu
den Bürsten einen (eventuell veränderbaren) Widerstand ein.

Derselbe Zweck wird aber auch erreicht durch
eine Inductionsspule, deren eine Bewickelung von dem
der Armatur zugeführten Strome (oder dem gesammten
dem Motor zugeführten Strome), die andere aber von
dem zu den Magneten gelangenden Strome durchflossen wird; die gegenseitige Inductionswirkung der
beiden Ströme aufeinander verhindert übermässiges
Anwachsen des einen oder anderen derselben (siehe
Fig. 27).

Statt den Magneten einen Zweigstrom von den
Zuleitungen zuzuführen (Erregung im Nebenschluss),
können Magnete und Armatur auch hinter einander
geschaltet sein (Erregung in Serie), wobei derselbe
Strom die Armatur als Wechselstrom und die Magnete
als intermittirender Gleichstrom durchfliesst. Das im
Vorhergehenden auf Bürsten und Commutatoren bezüglich Gesagte bleibt auch in diesem Falle unver-
ändert aufrecht.

Die Genannten beanspruchen nun als ihre Erfindung:

1. Bei einem synchronen Wechselstrom-Motor mit
Commutator zur Wendung des Stromes für die Magnete, die beschriebene Anordnung von drei oder mehr
Bürsten oder Bürstengruppen zum Zwecke der zeitweiligen Kurzschliessung der Magnetbewickelungen bei
jedem Stromrichtungswechsel.

2. Bei einem synchronen Wechselstrom-Motor mit
Commutator zur Wendung des Stromes für die Magnete und drei oder mehr Bürsten oder Bürstengruppen
die beschriebene Anordnung von Ausschaltern zur
Unterbrechung der elektrischen Verbindungen zu einer
oder mehreren dieser Bürsten.

3. Bei einem synchronen Wechselstrom-Motor mit
Commutator zur Wendung des Stromes für die Magnete die beschriebene Anordnung eines zweiten Commutators oder eines Commutators mit stufenförmigen
Sectoren behufs Erzielung der zeitweiligen Kurzschliessung der Magnetbewickelungen.

4. Bei einem synchronen Wechselstrom-Motor mit
Commutator zur Wendung des Stromes für die Magnete die beschriebene Anordnung eines zweiten beweglichen Commutators behufs Erzielung der zeitweiligen Kurzschliessung der Magnetbewickelungen
durch Verdrehung des beweglichen Commutators.

5. Bei einem synchronen Wechselstrom-Motor mit
einem, beziehungsweise zwei Commutatoren, wie beschrieben, die beschriebene Anordnung eines in den
Leitungskreis des Commutators einzuschaltenden Widerstandes behufs Verhinderung eines zu starken Anwachsens des Stromes in den Leitungen während der
Periode des Kurzschlusses.

6. Bei einem synchronen Wechselstrom-Motor mit
einem, beziehungsweise zwei Commutatoren, wie beschrieben, die beschriebene Anordnung einer Induc-
tionsrolle, deren eine Bewickelung in den Stromkreis
des Commutators (oder der Magnete), die andere hingegen in den Stromkreis der Armatur geschaltet wird

behufs Verhinderung eines zu starken Anwachsens des Stromes in den Leitungen während der Periode des Kurzschlusses.

Die Besorgung und Unterhaltung der Motoren.

Die Sprague-Company, deren Motoren so ziemlich die verbreitetsten der Welt sind, giebt ihren Beamten folgende Regeln zur Berücksichtigung.

Man halte sich stets die Vorzüge vor Augen, welche der elektrische Motor vor allen anderen voraus hat. Einige davon sind: Sicherheit, Gefahrlosigkeit, Sauberkeit, Oekonomie, grosser Nutzeffect, Einfachheit, Geräuschlosigkeit, keine Asche, kein Rauch, kein Kohlengeruch, kein Feuer, kein Gas, keine Erwärmung der Luft, kein Gefrieren, keine besondere Wartung, keine Explosionsgefahr u. s. w.

Man verlange von einem Motor nie mehr Kraft, als jene, für welche er gebaut ist.

Man stelle den Motor weder an einem staubigen, noch an einem feuchten Platze auf.

Die Schmierung soll eine vorzügliche sein, doch soll das Oel nicht verschwendet werden.

Es soll dafür gesorgt sein, dass das aus den Lagern herausspritzende Oel nicht den Collector beschmutzt. Falls sich dieser Uebelstand doch zeigen sollte, ist nachzusehen, was die Schuld daran ist.

Es soll kein Kupferstaub weder am noch unter dem Collector gefunden werden. Wenn die Bürsten gut angesetzt sind, soll solches überhaupt nicht vorkommen.

Die Bürsten sollen flach sein. Schmale Drahtbürsten sind praktisch für eine Dynamo, nicht aber für einen Motor.

Der Contact zwischen den Bürsten und dem Col-

Fig. 28.

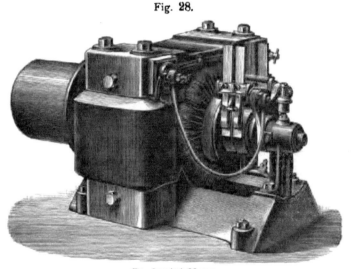

Der Immisch-Motor.

lector soll ein vorzüglicher sein. Sehr oft kommt es vor, dass der Motor weniger Arbeit verrichtet als er soll, weil die Bürsten lose aufliegen.

Die Bürsten sollen nicht zu stramm am Collector aufliegen, weil der letztere sonst bald abgenützt würde.

Die Bürsten sollen rein gehalten werden. Oel, Kupferstaub, Schmutz sind die ärgsten Feinde einer zufriedenstellenden Motorarbeit.

Die Bürsten können mit Naphtha und Benzin gereinigt werden. Man erinnere sich, dass sich an verbrannten Bürsten Kupferoxyd bildet, welches ein schlechter Leiter ist. Angefressene oder angebrannte Bürsten sollen zurechtgefeilt werden.

Motoren sollen oft nachgesehen werden. Der mit der Wartung betraute Mann soll oft ins Verhör genommen werden und, sobald eine Nachlässigkeit constatirt wird, soll der Fehlende zur Verantwortung gezogen werden.

Der Strom soll nicht sofort in seiner ganzen Stärke zugeleitet werden. Am besten ist es, denselben vorerst durch einen kurzen Widerstand gehen zu lassen, der graduell ausgeschaltet wird. Während des Betriebes darf in der Hauptstromzuleitung kein Widerstand liegen.

Befindet sich ein Motor auf einem Stromkreise von constanter Potentialdifferenz (für Glühlicht z. B.), so muss, um das Verbrennen der Bürsten zu verhüten, darauf gesehen werden, dass dem Motor nicht zu viel Strom zugeführt werde, bevor der erstere nicht seine reguläre Geschwindigkeit erreicht hat. Zu diesem Zwecke soll in den Hauptstromkreis ein variabler Widerstand eingeschaltet werden, welcher dazu dient, beim Anlassen des Motors die Stromintensität nach Belieben zu verändern. Hat der Motor seine Geschwindigkeit erlangt, wird der Widerstand wieder ausgeschaltet.

*   *   *

Wenn ein Shunt-Motor zum Stillstande gebracht wird, müssen gewöhnlich zwei Ausschalter gehandhabt werden: einer, welcher den Hauptstromkreis, und ein anderer, welcher den Nebenschluss für die Elektromagnete unterbricht. Manchmal vergisst man, einen von den beiden zu öffnen und es können dadurch sowohl der Anker oder aber die Elektromagnetbewickelung in Gefahr kommen. Es sollen daher die Ausschalter so eingerichtet sein, dass sie sowohl den Hauptstrom-

Fig. 29.

Der Cutriss-Motor.

kreis als auch den Nebenschluss zu gleicher Zeit unterbrechen.

Preis der Motoren und der motorischen Kraft.

Zu welchem Preise soll die den elektrischen Motoren zugeführte Energie verkauft werden?

Soll sie in Ampère- oder in Watt- oder gar in Coulomb-Stunden berechnet werden?

Oder soll sie, die Pferdekraft als Einheit angenommen, verkauft werden?

In Amerika wird die Energie als »Pferdekraft« verkauft. Der Preis derselben hängt natürlich davon ab, wie viel die mechanische Pferdekraft den Producenten selbst kostet.

Dort, wo Kohle billig ist, wird sich der Preis der Pferdekraft wohl etwas billiger stellen als anderwärts. Es sollte aber nicht vergessen werden, dass die Kosten der Kohle blos ein Drittel der gesammten Betriebskosten ausmachen, und dass also die Kohle nicht allein maassgebend für den Preis der erzeugten Energie ist.

Um den Verkauf motorischer Kraft lohnend zu machen, muss Folgendes beobachtet werden:

Der Motor sollte immer Eigenthum des Kraftabnehmers sein. Dort, wo Motoren vermiethet werden, ist das finanzielle Resultat ein ungünstiges. Aehnliches wurde von den Gasgesellschaften versucht und musste wieder aufgegeben werden. In Amerika haben Gesellschaften, welche Dampf verkaufen, Dampfmotoren in Vermiethung gebracht, aber die Motoren werden nicht besorgt und befinden sich zumeist in einem vernachlässigten Zustande. Dasselbe würde auch bei elektrischen Motoren der Fall sein, und die Reparaturen des Motors, wenn derselbe einmal eine gewisse Zeit gelaufen hat, werden mehr als den erzielten Gewinn verschlingen.

Sobald der Kraftabnehmer Eigenthümer des Motors ist, wird der letztere mit Sorgfalt besorgt und geschont werden.

Es ist unmöglich, einen bestimmten Preis für motorische Kraft für eine gegebene Motorentype aufzustellen. Man kann z. B. die Kraft für einen Motor

Fig. 30.

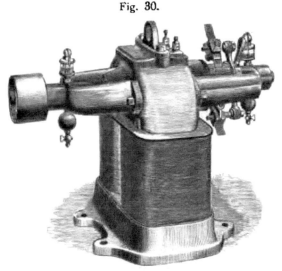

Der Connecticut-Motor.

von 5 Pferdekräften nicht für alle Industrien gleich billig abgeben.

Es müssen alle die Industrien, welche elektrische motorische Kraft in Anspruch nehmen, in Classen aufgetheilt werden.

Die erste Classe wollen wir »constanten Betrieb« nennen und können hierzu gerechnet werden: Ventilatoren, Kreissägen in grossen Werkstätten, lange Transmissionsachsen, welche stets in Umdrehung sein müssen, Mühlen u. s. w. Der Preis für constanten Betrieb ist in Amerika 100 Dollars pro Jahr und pro Pferdekraft.

Die zweite Classe wollen wir »theilweise intermittirend« nennen, als: Buchdruckereien, Aufzüge, mechanische Werkstätten u. s. w.

Der Durchschnittspreis für motorische Kraft ist, eine zehnstündige Arbeitszeit pro Tag gerechnet, in Amerika der folgende:

Eine halbe Pferdekraft . . . .   75 Dollars
Eine ganze   »   120   »
Zwei Pferdekräfte 200   »
Drei   »   270   »
Fünf   »   425   »
Sieben und ein halb Pfkr. . . 600   »
Zehn Pferdekräfte 750   »

Von fünfzehn Pferdekräften aufwärts werden 70 Dollars pro Pferdekraft und Jahr gerechnet.

Die dritte Classe soll »ganz intermittirend« genannt werden. Ein Beispiel hiervon ist ein Lastenkrahn. Für ganz intermittirende Arbeit wird etwas weniger gerechnet, und zwar
für einen Motor von 5 Pfkr. 300 Dollars pro Jahr
    »   »   »   7½ »   360   »   »
    »   »   » 10 »   400   »   »

Die Erklärung für diesen niederen Preis für 10 Pfkr. wird folgendermaassen gegeben:

Angenommen zwei Fälle für Fracht-Elevatoren: der eine mit einem Motor von 5 Pferdekräften und einer kleinen Plattform; der zweite mit einem Motor von 10 Pferdekräften für denselben Elevator mit einer grossen Plattform. Nun hat die Erfahrung gezeigt, dass bei gleichem zu hebenden Gewichte die verbrauchte Strommenge beim 10 Pferdekraft-Motor und grosser Plattform viel geringer ist, als wenn ein 5 Pferde-

Fig. 31.

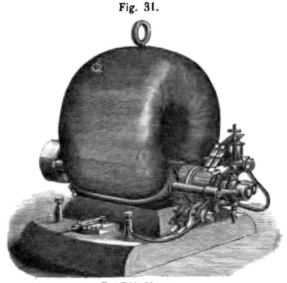

Der Eddy-Motor.

kraft-Motor und eine kleine Plattform in Anwendung kommen.

In Europa ist man über die für motorische Kraft zu berechnenden Preise ebenso wenig einig wie in Amerika.

Dort, wo bereits elektrische Centralstationen und folglich auch Elektricitätsmesser existiren, ist es ein Leichtes, den Strom nach Ampères oder Watts oder Coulombs zu verkaufen. Man müsste es ebenso wie die

Gasgesellschaften machen und die motorische Kraft billiger verkaufen als das elektrische Licht.

Wenn wir z. B. bei Beleuchtung für eine Ampère-Stunde zu 75 Volts 12 Centimes begehren, so würden wir die Pferdekraftstunde (zu 75 V. $\times$ 10 A. = 750 Watts) 1 Franc 20 Centimes verkaufen, indem wir sie in Licht umsetzen.

Wenn wir aber dieselbe Pferdekraft als motorische Kraft verkaufen wollen, sind 1 Franc 20 Centimes viel zu theuer.

Ein Gasmotor verbraucht 1 Kubikmeter Gas pro Pferdekraft und pro Stunde. Der Preis dieses Kubikmeters variirt von 20—30 Centimes. Wir sehen also, dass wir, um mit dem Gas concurriren zu können, gezwungen sind, die elektrische Pferdekraft ebenso billig (sagen wir für 30 Centimes) abzugeben. Wir verdienen daher am Verkauf der elektrischen Energie blos ein Viertel dessen, was wir sonst verdienen könnten, wenn wir sie in Licht umsetzten.

Trotz diesen scheinbaren ungünstigen Verhältnissen ist der Verkauf motorischer Kraft für den Elektriker noch immer lohnend.

Zuerst muss sich der Kraftproducent fragen: Was kostet mich die Pferdekraft selbst?

Dieselbe kann leicht berechnet werden, indem man den Preis der Kohle mit 3 multiplicirt. Wenn das Kilogramm Kohle 3 Centimes kostet und man 2 Kilogramm pro Stunde und Pferdekraft annimmt, hat man $2^{\text{Kg.}} \times 9^{\text{Cts.}}$ = 18 Centimes Productionskosten der Pferdekraft. Wenn wir diese letztere mit 30 Centimes verkaufen, bleiben dem Unternehmer noch immer 12 Centimes für die

Verluste in der Transformation des Stromes, Verluste in den Leitern, Abnützung der Maschinen und Amortisation des Capitals.

Fig. 32.

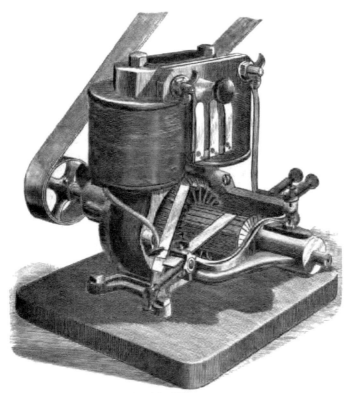

Der Perrett-Motor.

In vielen Fällen ist es gar nicht nöthig, die Pferdekraft ebenso billig abzugeben, als dies seitens der Gasgesellschaften geschieht.

Der erste Grund hierfür ist die Verinteressirung des Anlagecapitals, welches für Gas- und Elektricität eine genug grosse Differenz aufweist:

Die Anschaffungskosten pro Pferdekraft sind z. B.

	Gas	Elektricität	
für einen Motor von 5 Pfkr.	1000 Frs.	240 Frs.	
8 »	875 »	162 »	pro Pferdekraft.
12 »	958 »	166 »	
14 »	828 »	165 »	

Das heisst mit anderen Worten: Der Gasmotor ist fünf- bis sechsmal theuerer als der elektrische Motor, und wenn wir die nothwendigen Rohrleitungen, Reservoirs u. s. w. hinzurechnen, stellt sich die Differenz für grössere Motoren sogar auf 1 : 7.

Nehmen wir an, in einer Buchdruckerei z. B. würde ein Motor von acht Pferdekräften zur Aufstellung kommen. Die Differenz zwischen dem Anschaffungspreis eines Gas- und eines elektrischen Motors wird 6000 Francs betragen. Diese Summe mit 20 Procent Interessen und Amortisation berechnet, bedeutet für den Eigenthümer eine jährliche Last von 1200 Francs, welche er dem Gasbetrieb zu verdanken hat.

Diese 1200 Francs können von dem Lieferanten elektrischer Energie ganz gut auf seine Preise aufgeschlagen werden, da man ja doch nicht verlangen kann, dass die Elektricität unbedingt billiger sein müsse als das Gas.

Bei gleichen Preisen, von den Anschaffungskosten ganz abgesehen, bietet der elektrische Motor mannigfache Vortheile: wenig Schmierung, geringe Reparaturen, Geruchlosigkeit, Abwesenheit von Hitze und

Rauch, wenig Raumanspruch, keine Wasser-, Gas- und
Ausblasleitungen, keine Reservoire, kein Wasserver-
brauch, kein Lärm, Gefahrlosigkeit.

Alles das sollte genügen, um der Elektricität den

Fig. 33.

Der C & C-Motor.

Vorzug vor dem Gas selbst bei ein wenig erhöhten
Preisen zu sichern. Da aber die leidige Geschäftspraxis
von neuen Unternehmungen immer Opfer verlangt, bevor sie festen Fuss gefasst haben, muss man sich oft

Fodor, Elektr. Motoren.   7

entschliessen, die Elektricität zum gleichen Preise wie das Gas abzugeben. Billiger aber als letzteres sollte sie niemals verkauft werden.

Für Motoren unter einer Pferdekraft stellen sich die Preisberechnungen ganz anders.

Die Anschaffungskosten der Motoren stellen sich pro Kilogrammmeter folgendermaassen:

Motor von	2·5 Kgr.	70 Francs pro Kgr.		
» »	5 »	40 »	»	»
» »	12 »	25 »	»	»
» »	20 »	20 »	»	»
» »	25 »	15 »	»	»
» »	40 »	12 »	»	»
» »	75 »	8 »	»	»

Dementsprechend sollte auch der Kostenpreis der gelieferten motorischen Kraft variiren. Beiläufig könnte man folgende Regel aufstellen:

Motoren von	50 Watts	6 Centimes per Stunde		
» »	80 »	8 »	»	»
» »	100 »	12 »	»	»
» »	200 »	20 »	»	»
» »	300 »	30 »	»	»
» »	400 »	40 »	»	»
» »	500 »	50 »	»	»
» »	600 »	55 »	»	»
» »	700 »	60 »	»	»

Von 1—2 Pferdekraft angefangen können dann die üblichen Preise berechnet werden.

Notiz für die Abnehmer eines Motors.

Jene, welche bei einem Fabrikanten einen elektrischen Motor bestellen wollen, mögen demselben folgende Daten beischliessen.

Mühlen. Angabe des Kornes oder des Materials, das vermahlen wird. Ist der Motor ganz allein einzu-

Fig. 34.

Der Fein-Motor.

richten, oder ist schon ein alter Motor vorhanden? Wie viel Umdrehungen soll jede einzelne Maschine machen? Wie viel Maschinen sollen zu gleicher Zeit im Betriebe sein?

Kreissägen. Ist besonders die Geschwindigkeit anzugeben, ferner der Durchmesser. Was soll damit

7*

gesägt werden? Welches Quantum soll verarbeitet werden?

Verticalsägen. Angabe der Geschwindigkeit, Länge des Hubs, was für Holz damit gesägt werden soll, welches Quantum?

Spinnereien. Anzahl der Maschinen, wie viel Spinnbänke, self-actings u. s. w.? Soll ein Motor für jeden Saal oder für einzelne Maschinen aufgestellt werden? Sind die Maschinen alt oder neu?

Webereien. Anzahl der Webestühle. Was wird gewebt?

Zeugbedruck-Maschinen. Wie viel Maschinen? Soll jede Maschine durch einen separaten Motor bethätigt werden? Geschwindigkeit jeder Maschine.

Walkereien. Grösse und Anzahl der Walkrollen, Umdrehungen pro Minute.

Walzereien. Was für Dicken werden gewalzt? Anzahl der Umdrehungen in der Minute. Durchmesser der Cylinder.

Hammerwerke. Anzahl der Hämmer. Wie viel Schläge in der Minute? Fallhöhe.

Werkstätten. Wie viel Umdrehungen soll die Haupt-Transmissionsachse machen? Wie viel Pferdekräfte beträgt die Totalbelastung?

Elevatoren. Gewicht, welches zu heben ist. Welche Geschwindigkeit?

Hydraulische Elevatoren. Befindet sich ein Reservoir oben oder ein Pressions-Reservoir unten? Ist das Reservoir oben, wie viel Liter pro Minute sollen hinaufgepumpt werden und auf welche Höhe? Ist das

Reservoir unten, sollen Liter pro Minute und Maximal-
druck angegeben werden.

Pumpen. Maximal-Menge des zu pumpenden
Wassers. Welche Gattung von Pumpen? Saughöhe?
Druckhöhe. Länge und Durchmesser des Pumprohres.
Wie viel Curven oder Winkel? Länge und Durchmesser
des Ausflussrohres.

Nähmaschinen. Was für Arbeit? Anzahl der
Stiche in der Minute. Angabe des Platzes, wo die
Maschinen und die Transmission angemacht werden
sollen.

U. s. w., u. s. w.

Beispiele zur Berechnung des Kraftver-
brauches verschiedener Maschinen.

Gewöhnliche Aufzüge.

Es sei:

$L =$ das Gewicht in Kilogrammen, welches ge-
hoben werden muss;

$v =$ die Geschwindigkeit per Secunde, welche der
Aufzug haben soll;

$1/_2 =$ Verlust in der Reibung und anderen Betriebs-
hindernissen.

Wir haben:

$$Nn = \frac{Lv(1 + 1/_2)}{75}.$$

Es sei:

$L = 450$ Kilogramm,

$v = 0{\cdot}3$ Meter.

Wir haben:

$$Nn = \frac{450 \times 0\cdot3\ (1 + {}^1\!/_2)}{75} = 2\cdot16.$$

Man wähle einen Motor von 3 Pferdekräften.

Pumpen.

Es sei:

G = die Wassermenge pro Secunde in Kilogramm;

H = die Höhe, auf welche diese Wassermenge gefördert werden soll;

φ = Verlustcoëfficient;

h = Saughöhe in Metern;

h_1 = Druckhöhe in Metern.

Wir haben:

$$Nn = \varphi\ \frac{Q\ (h + h_1)}{75\cdot60}\ 1000 = \varphi\ \frac{GH}{75}.$$

Es seien 20 Liter pro Secunde auf 10 Mtr. Höhe zu befördern. $\varphi = 1\cdot25$.

Wir haben also:

$$1\cdot25\ \frac{20 \times 10}{75} = 3\cdot3\ \text{Pferdekräfte.}$$

Man wähle einen Motor von 5 Pferdekräften.

Ventilatoren.

Die in der Praxis vorkommenden Ventilatoren haben von $^1\!/_4$ bis 9 Pferdestärken. Gewöhnlich nimmt man folgende Verhältnisse an:

Umdrehungen in der Minute	Durchmesser	Verbrauchte Pferdekraft	Kubikmeter Luft pro Minute ungefähr
1000	0·30 M.	$^1\!/_4$	45
700	0·45 »	$^1\!/_2$	90

Umdrehungen in der Minute	Durchmesser	Verbrauchte Pferdekraft	Kubikmeter Luft pro Minute ungefähr
600	0·60 »	$^3/_4$	135
500	0·75 »	1	210
400	0·90 »	2	340
400	1·20 »	$4^1/_2$	730
400	1·30 »	5	900
400	1·50 »	$5^1/_2$	1200
300	1·90 »	$5^3/_4$	1300
250	2·10 »	8	1600
250	2·40 »	9	1800

Streichgarnspinnerei und Tuchfabrikation.*)

Maschine	Umdrehungen in der Minute	Pferdekräfte
Wollspulmaschine	35	0·22
Centrifugalpumpe.	900	1·50
Wollwaschmaschine	—	5·0
Centrifugal-Trockenmaschine. .	1300	1·32
Klettenwolf.	350	2·20
Oelwolf	350	0·56 — 0·70
Reisskrempel und Pelzkrempel .	110	0·45 u. 0·6
Vorspinnkrempel	100	0·65
Mulefeinspinnmaschinen . . .	2500	0·65
Eine Streichgarnspindel . . .	—	0·003
Zwirnmaschine.	220	0·7
Eine Zwirnspindel	—	0·007
Kettenleim- und Schermaschine.	—	0·07
Mechanischer Tuchwebestuhl .	120	0·12
Tuchwaschmaschine	—	0·50
Einfache Walzenwalke	100	2·5

*) Nach W. H. Uhland.

Maschine	Umdrehungen in der Minute	Pferdekräfte
Kurbelwalke	—	2·0
Centrifuge für Tuche	900	—
Einfache Rauhmaschine . . .	90	0·75
Doppelte Rauhmaschine . . .	100	1·38—4·0
Langschermaschine	650	0·6
Transversal-Schermaschine . .	1000	0·25
Bürstmaschine	—	1·03

Baumwollspinnereien.

Maschine	Tourenzahl		Kraftbedarf
Willow	300—400	2·0	Pferdekräfte
Opener	500	3·4	»
Opener Crighton .	900	3·0	»
Wickelmaschine . .	1200	4·0	»
Krempel	140	0·35	»
Derby - Doublirma-			
schine	—	0·6	»
Streckwerk. . . .	350	0·38	»
Grobflyer	per Spindel	0·0105	»
Mittelflyer	» »	0·014	»
Feinflyer	» »	0·015	»
Express-Feinflyer .	» »	0·017	»
Selfactor	» »	0·0066	»
Watermaschine . .	» »	0·009	»
Zwirnmaschine . .	» »	0·015	»

Baumwollwebereien.

Maschine	Umdrehungen pro Minute	Pferdekräfte
Spulmaschine	80	0·28 — 0·33
Zettelmaschine	—	0·1
Schlichtmaschine.	—	1·3

Maschine	Schläge pro Minute	Pferdekräfte
Webstühle	180	0·2

Leinenmanufactur.

Maschinen	Umdrehungen in der Minute	Pferdekräfte
Walzenbrechmaschine . . .	180	1·5
Guild's Brechmaschine	—	0·55
Schwingmaschine	140	0·55
Hechelmaschine pro Stand . .	160	0·45—0·48
Anlegemaschine	150	0·84
Erster Durchzug . . .	—	1·15
Zweiter Durchzug	—	1·08 u. 0·75
Vorspinnmaschine	200	2·25
» pro Spindel .	—	0·037
Flachsflyer	190	2·0
» pro Spindel	—	0·025
Feinspinnmaschine	370	2·74
» pro Spindel .	—	0·022
Wergauflockerungsmaschine . .	600	3·0
Vorkrempel	170	2·57
Feinkrempel	170	1·92
Erster Durchzug für Werg . .	200	0·96
Zweiter » » » . .	—	0·75
Wergflyer	240	2·68
Feinspinnmaschinen für Werg .	370	2·4

Papierfabrikation.

Maschinen	Umdrehungen in der Minute	Nothwendige Pferdekraft
Hadernschneider	150	4·0
Hadernstäuber	36—40	1·0
Kocher	2	0·5
Halbzeugholländer	150	9·0
Ganzstoffholländer	200	8·0

Maschinen	Umdrehungen in der Minute	Nothwendige Pferdekraft
Bleichholländer	150—200	0·5
Centrifugen	800—1000	3·0
Satinirmaschine . . .	—	4·0
Calander	—	2·5

Zuckerfabrikation.

Man braucht für 5000 Kgr. Rüben täglich zum Betrieb:

der Presspumpe und Waschmaschine . . 1 *HP.*
der Luft- und Wasserpumpen . . . . . $^1/_2$ *HP.*
der Reiben . . . . 1 *HP.*
Centrifuge (1000—1200 Umdrehungen pro Minute) . . . . 2—3 *HP.*
Schnitzelmaschine (140—160 Umdrehungen pro Minute). . . . . 2—3 *HP.*

Mahlmühlen.

Umfangsgeschwindigkeit der Walzen 2—3 Mtr. (entsprechend einer Fallhöhe des Mahlgutes von 0·25 bis 0·45 Mtr.). Walzendurchmesser 110—220—250—350 Mm. bei 300—500 Mm. Länge. Gebräuchliche Tourenzahl für Auflöswalzen 130—150, für Ausmahlwalzen 130, für Wegmann's Porzellanwalzen 180.

Flachmüllerei.

Maschine	Grösste Anzahl der Touren pro Minute	Maximal-Kraftbedarf in Pferdestärken
Sortircylinder	30	$^1/_5$
Trieur mit Schüttelsieb . . .	—	$^3/_4$

Maschine	Grösste Anzahl der Touren pro Minute	Maximal-Kraftbedarf in Pferdestärken
Getreidereinigungsmaschine:		
Eureka	650	$1^1/_2$—2
Puhlmann	850—900	$2^1/_2$—3
Excelsior	700—750	3—$3^1/_2$
Henkel	700	· 3—4
Aspirateur (Saugputzmühle) .	400	$^1/_4$
Spitzgang (950 Mm. Steindurchmesser)	180	$2^1/_2$
Mahlgang (1250 Mm. Steindurchmesser)	120—130	4
Mahlgang (950 Mm. Steindurchmesser)	180	3—$3^1/_3$
Beutelcylinder	35	$^1/_2$
Transporteur (Schnecke) . .	50	$^1/_8$—$^1/_2$
Elevator	45—50	$^1/_4$—$^1/_2$

Bei der Flachmüllerei rechnet man pro Mahlgang einschliesslich aller erforderlichen Hilfsmaschinen, Wellenleitungen u. s. w. bei Steinen von 1·25 Mtr. Durchmesser 5 Pferdekräfte und bei Steinen von 1·4 Mtr. Durchmesser 6 Pferdestärken als nothwendige Betriebskraft. Allgemein wird die Kraft zu 8 Pferdestärken angegeben.

Hochmüllerei.

Maschine	Grösste Anzahl der Touren pro Minute	Maximal-Kraftbedarf in Pferdestärken
Mahlgang mit gusseisernem Ständer (1250 Mm. Steindurchmesser m. Räderbetrieb)	120—130	4

Maschine	Grösste Anzahl der Touren pro Minute	Maximal-Kraftbedarf in Pferdekräften
Mahlgang mit Riemenbetrieb .	120—130	$3^3{}_4$
» » Bock (1250 Mm. Steindurchmesser)	120—130	4
Mahlgang mit hölzernen Säulen (1250 Mm. Steindurchmesser)	120—130	4
Spitzgang (950 Mm. Steindurchmesser)	180	$2^3{}_4$
Spitzcylinder (5 Mtr. lang) . .	42	$1{}_2$
Putzmaschine mit Ventilator .	350	$1{}_2$
Getreideaufzug mit Bechern für 6 Etagen	45—50	$1/_2$
Koppaufzug	50	$1/_4$
Koppabreiter	300	$1/_4$
Koppkonus (Stauberer) . . .	300	$1^1/_2$
Koppcylinder	42	$1/_2$
Schrotaufzug mit Bechern . .	47	$1/_3$
Schrot- oder Sortircylinder . .	35	$1/_4$
Mehlcylinder	35	$1/_3$
Griescylinder	35	$1/_4$
Griesabreiter	300	$1/_4$
1 Paar Griesputzmaschinen .	300	$1/_4$
1 Ventilator	800	$1^1/_2$
2 Griesaufzüge	47	$1/_4$

Bei der Hochmüllerei rechnet man pro Mahlgang inclusive aller erforderlichen Hilfsmaschinen bei Steinen von 1250 Mm. Durchmesser 6 Pferdestärken und bei Steinen von 1400 Mm. Durchmesser 7 Pferdestärken, bei kleinen Anlagen je 1 Pferdestärke mehr.

Drehbänke.

Die mittlere Geschwindigkeit pro Secunde des abzudrehenden Arbeitsstückes beträgt für Stahl 50 Mm., weiches Gusseisen 80 Mm., Schmiedeeisen 110 Mm., Messing oder Bronze 150 Mm., Kupfer 500 Mm., Holz 300 Mm.

Bohrmaschinen.

Die Anzahl der Umdrehungen des Bohrers beträgt, wenn d den Durchmesser bezeichnet $= \frac{x}{d}$; für Stahl ist $x = 620$ bis 1500, für weiches Gusseisen 620 bis 1000, für hartes Gusseisen 125 bis 250, für Messing oder Bronze 2000 bis 3000, für Holz $= 3000$ bis 4000. Bei Cylinderbohrmaschinen beträgt die Schnittgeschwindigkeit $^2/_3$ von der bei Drehbänken.

Hobelmaschinen.

Die Schnittgeschwindigkeit beträgt bei grossen Hobelmaschinen für alle Materialien 80 bis 105 Mm., bei kleineren Hobelmaschinen für Stahl 105 bis 130 Mm., für Schmiedeeisen 130 bis 210 Mm., für weiches Gusseisen 155 bis 235 Mm., für hartes Gusseisen 25 bis 40 Mm., für Messing oder Bronze 310 bis 470 Mm.

Bei Holzhobelmaschinen ist die Tourenzahl der Messerwelle 2000; Kraftbedarf 2·5 bis 4·5 Pferdekräfte.

Fräsmaschinen.

Vortheilhafte Umfangsgeschwindigkeit des Fräsers 200 bis 350 Mm. für Gusseisen und Schmiedeeisen, 5000 Mm. für Holz.

Für Metallfräsmaschinen ist die Betriebskraft wegen der geringen Umdrehungszahlen gering (0·10 bis 0·50 Pferdekräfte).

Werkzeugmaschinen.

Zur oberflächlichen Veranschlagung des Kraftbedarfes von Metallbearbeitungsmaschinen kann man annehmen Pferdekräfte:

	Kleine	Mittlere	Grosse
Drehbänke	0·4—0·6	0·6—1·0	1·0—3·0
Bohrmaschinen . .	0·1—0·3	0·3—0·5	0·5—1·0
Hobelmaschinen . .	0·2—0·4	0·6—1·0	1·0—2·5
Fräsmaschinen	0·1—0·3	0·3—0·7	—
Stossmaschin. u. Scheren	0·3—0·8	1·0—3·0	
Schrauben- und Mutter-			3·0—8·0
schneidmaschinen . .	—	0·5—1·5	
Schleifsteine . . .	0·3—0·8	1·0—3·0	3·0—5·0

Sägegatter.

Gesammtkraftbedarf für 1 Sägeblatt 2—4 Pferdestärken, für jedes weitere Blatt $\frac{1}{2}$ bis $\frac{5}{8}$ Pferdestärken mehr.

Horizontalgatter machen 240 bis 300 Schnitte pro Minute.

Bandsägen.

Mittlere Geschwindigkeit des Blattes 10 Mtr. pro Secunde. Kraftbedarf ungefähr 0·5 bis 1·5 Pferdekräfte.

Kreissägen.

Umfangsgeschwindigkeit bei Längskreissägen 40 bis 45 Mtr., bei Querkreissägen 20 bis 25 Mtr., ungefähr

800 Touren pro Minute. Kraftbedarf 1·5 bis 3·5 Pferdekräfte.

Fourniersägen.

Schnitte pro Minute 180 bis 300. Kraftbedarf
1·5 Pferdekräfte.

Nähmaschinen.

Sprague berechnet die zum Betrieb von Nähmaschinen erforderliche Kraft, ein Vorgelege und
1500 Stiche pro Minute angenommen, folgendermaassen:

Leicht laufende Nähmaschinen .	20 pro Pferdekraft	
Nähmaschinen für schwerere		
Arbeit	15 »	»
Ledernaht	12 »	»
Knopflochmaschinen . . . . . 8—12 »		»

Hammer.

Stirnhammer, 2800 Kgr. Gewicht,		
75 Schläge pro Minute	30 Pferdekräfte	
Aufwerfhammer, 700 Kgr. Gewicht,		
95 Schläge pro Minute	11	»
Hammer für Maschinentheile, 40 Kgr.		
Gewicht, 324 Schläge pro Minute	5·9	»

Elektrischer Göpel.

Ein Göpel mit elektrischer Betriebskraft wurde
von Siemens und Halske im Kalisalzlager des Salz-
bergwerkes Neu-Stassfurt auf 40° Neigung des Gesenkes
ausgeführt.

Die Fahrgeschwindigkeit pro Secunde war 0·864 Mtr.
Der auf der schiefen Ebene zu fördernde Zug bestand
aus zwei Wagen, einem vollen von 1200 Kgr. und einem

leeren von 430 Kgr. Das zu fördernde Gesammtgewicht betrug daher 1630 Kgr.

Bei der Förderung auf schiefer Ebene besteht die zu leistende Arbeit aus der Summe der Hebungsarbeit und der Reibungsarbeit. Bei der rollenden Reibung ist aber diese Reibungsarbeit gleich derjenigen auf horizontaler Bahn. Rechnet man also für die Reibung 1·5 Procent der Last, so ergiebt sich für die secundliche Geschwindigkeit von 0·864 Meter die in diesem Falle zu überwindende secundliche Reibungsarbeit zu

$$1{\cdot}5 \times \frac{1630}{100} \times 0{\cdot}864 = 21{\cdot}125 \text{ Mkgr.}$$

Bezüglich der ausserdem bei der Förderung auf der schiefen Ebene noch zu leistenden Hebungsarbeit ist zu beachten, dass, während ein voller Wagen von 1200 Kgr. Gewicht heraufgezogen wird, ein leerer Wagen von 430 Kgr. Gewicht hinabgeht und demzufolge an der die beiden Zugseile gleichzeitig auf- und abwickelnden Göpeltrommel nur eine Last von

$$1200 - 430 = 770 \text{ Kgr.}$$

zu überwinden ist. Bei der Förderung auf der 155 Mtr. langen schiefen Ebene sind aber diese 770 Kgr. Last in 180 Secunden 100 Meter hoch, also in der Secunde 0·56 Meter hoch zu heben, wodurch eine Secundenarbeit von

$$770 \times 0{\cdot}56 = 431{\cdot}2 \text{ Mkgr.}$$

geleistet wird.

Die in der Secunde zu leistende Gesammtarbeit beträgt demnach

$$21{\cdot}2 + 431{\cdot}2 = 452{\cdot}5 \text{ Mkgr.}$$

oder in runder Zahl 450 Mkgr.

Es ist dies die vom Elektromotor oder der elektrischen
Secundärmaschine durch die Seiltrommel zu leistende
Nutzarbeit, welche durch die mechanischen Widerstände
des Göpelwerkes, der Transmission des Elektromotors
und der stromerzeugenden Dynamomaschine (Primär-
maschine), sowie durch die elektrischen Verluste bis
zur Dampfmaschine hin um etwa das $2^{1}/_{2}$fache vergrössert wird, so dass also von der Arbeit der Dampfmaschine nur 40 Procent auf die Seiltrommel, das heisst
auf das Zugseil der Wagen, übertragen werden.

Das Göpelwerk, welches mit den über zwei Seil-
rollen geführten und auf der Trommel in entgegengesetzten Richtungen sich aufwickelnden Drahtseilen
gleichzeitig auf der schiefen Ebene einen vollen Wagen
heraufzieht und einen leeren hinunterlaufen lässt, bietet
auf der Trommel dem Seil einen Wickelkreis von
1240 Mm. Durchmesser und bei der stattfindenden
Seilgeschwindigkeit von 0·864 Meter in der Secunde
dreht sich die Trommelachse mit 13·3 Umläufen in
der Minute.

Die Bewegung wurde vom Elektromotor mit etwa
1000 Umdrehungen in der Minute herbeigeführt und
mittelst eines 160 Mm. breiten Riemens bei 3 Meter Entfernung der Riemscheiben-Mitten von der 250 Mm.
haltenden Riemscheibe des Elektromotors auf das
doppelte Zahnradvorgelege des Göpels durch eine
750 Mm. im Durchmesser haltende Riemscheibe, also
mit dreifach verminderter Uebersetzung übertragen. Die
weitere Verminderung der Umdrehungsgeschwindigkeit
bis auf die 13·3 Umläufe der Seiltrommel wird alsdann noch durch das doppelte Zahnradvorgelege bewirkt.

Daten über Motoren verschiedener Construction.

Typen	Pferde-kräfte	Geschwindigkeit pro Minute	Volts	Ampères	Gew. in Kgr.
Edison Paris: R[1]	$\frac{1}{3}$	2150	100	4·1	25
R[2]	$\frac{1}{2}$	2500	100	6·6	50
R[3]	1	1250	100	10·3	90
R[4]	2	1450	100	22·0	325
R[5]	4	1260	100	46·0	462
R[6]	8	1160	100	85·0	876
Immisch, London:					
Mining Motor 10/4	2	1200	200	9·5	150
10/5½	4	1200	200	18·5	225
10/7½	6	1200	200	27·5	300
10/10	9	1000	250	31·5	500
12/12	12	850	300	35·0	750
12/16	16	800	350	39·0	1000
15/15	20	750	400	41·5	1500
15/20	25	700	450	46·5	2000
18/18	30	650	500	49·5	2500
18/24	40	600	600	55·0	4000
24/16	50	550	600	69·0	4500
24/18	60	550	700	71·0	5000
24/24	75	525	750	83·0	6000
24/30	100	500	800	103·0	7000

Type	Pferde-kräfte	Geschwin-digkeit pro Minute	Volts	Am-pères	Gew. in Kgr.
Sprague (New-York)	$\frac{1}{2}$	1900		—	65
	1	1800	110	—	100
	2	1650		—	165
	3	1550	bis	—	220
	5	1400	220	—	350
	$7\frac{1}{2}$	1300		—	425
	10	1200		—	500
	15	1100	220	—	700
	20	800	220	—	900
Kummer (Dresden)	Kgrm. $2\frac{1}{2}$	2200	100	0·5	6
	5	1800	100	0·8	10
	12	1500	100	1·7	16
	25	1200	100	3·5	34
	75	1000	100	10·4	70
	150	850	100	19·5	126
Thomson-Houston:	Pfkr. 1	2500	110	—	—
	$1\frac{1}{2}$	2400	110	—	—
	3	2000	110—220	—	—
	5	1800	110—500	—	—
	$7\frac{1}{2}$	1600	110—500	—	—
	10	1400	110—500	—	—
	15	1200	110—500	—	—
	20	1250	110—500	—	—
	30	1200	110—500	—	—
	45	1125	110—500	—	—
	60	1020	110—500	—	—
	75	900	110—500	—	—

8*

Leistungen lebender Motoren.

Motor	Druck Kgr.	Geschwin- digkeit Meter	Effect Km.	Stunden im Tag
Arbeiter, Gewichte heben von der Hand	20	0·20	4·0	6
Arbeiter, Erde aufwerfend	4	0·60	2·0	9
Arbeiter an der Kurbel	10	0·75	7·5	8
Mann an der Feuerspritze, in Pausen	12	1·30	15·6	—
Pferd am Wagen	53	1·00	53·0	8
Ochse am Wagen	58	0·70	40·6	8
Esel am Göpel	14	0·80	11·2	8

Elektrische Strassenbahnen.

Allgemeines.

Die Ursachen, warum in neuerer Zeit der Betrieb von Tramways mittelst Elektricität so zugenommen hat, sind folgende.

Die Betriebskosten sind, was Administration anbelangt, für Pferdebahnen und elektrische Tramways die gleichen. Die Zugkraft kann durch Elektricität billiger hergestellt werden. Bei elektrischem Betriebe kann eine grössere Anzahl von Wagen abgelassen werden;

die Pausen zwischen den einzelnen Touren können abgekürzt werden;

man kann grössere Wagen statt der jetzt üblichen kleinen in Verwendung bringen;

die Wagen können besser geheizt, beleuchtet und gereinigt werden;

dieselben können mehr Interessen tragen;

die Fahrgeschwindigkeit kann eine grössere werden;

man kann neue Linien eröffnen, welche sich bei Pferdebetrieb nicht lohnen würden;

es können mehr Passagiere befördert werden.

Schon seit geraumer Zeit hat man versucht, die Pferde durch verschiedenerlei Motoren zu ersetzen, und zwar durch comprimirte Luft-, Heisswasser-, Soda-Motoren, Naphtha- und Petroleum-Motoren und durch Dampfmaschinen. Von allen diesen Motoren hat sich blos der Dampf als Concurrent der Elektricität zu erhalten gesucht, von einigen Seilbahnen gar nicht zu sprechen.

Die Pferdebahn-Verwaltungen haben zwei Systeme, was das Stallwesen anbelangt. Nach dem einen wird das vorräthige Pferdematerial so gering als möglich gehalten; es wird zu strenger Arbeit verwendet und indem ein Pferd 22—25 Kilometer täglich macht, ist die Abnützung der Zugthiere ausserordentlich stark. Nach dem zweiten Systeme ist der Stallbestand gross, die Pferde werden gut gehalten und geschont und machen beiläufig 16—17 Kilometer pro Tag.

Franc J. Sprague giebt uns über die aus diesen beiden Systemen in Amerika resultirenden Kosten folgende Auskünfte.

Angenommen, dass der Anschaffungspreis eines Pferdes 750 Francs und die Unterhaltungskosten pro Pferd 900 Francs betragen, würde es uns scheinen, dass bei Kenntniss der Durchschnitts-Lebensdauer eines Pferdes unter gegebener Arbeit, die einem Pferde aufzulegende Arbeit ganz genau bestimmt werden könnte.

Man hat in dem Staate Massachusetts eine Statistik für fünf Pferdebahnen angelegt, welche 1887 einen Bestand von 6909 Pferden und 1410 Wagen hatten. Alle zusammen machten in einem Jahre 20,538.464 Kilometer und beförderten 76,187.842 Passagiere.

Wenn wir die tägliche Durchschnitts-Kilometerzahl durch die Pferdeanzahl dividiren und die in einem Gespann enthaltene Pferdeanzahl feststellen, so finden wir 16·41 Kilometer tägliche Arbeit pro Gespann.

Auf der Westend-Linie in Boston, welche gegenwärtig die grösste Tramway-Anlage in der Welt sein soll, indem sie 339 Kilometer Strecke und 8000 Pferde besitzt, werden 10 Procent als dienstunfähig wegen Krankheit, Beschlagung u. s. w. abgerechnet und macht jedes Pferd beiläufig 19 Kilometer im Tage. Ein Wagentag ist mit 10—11 Stunden und mit 72—80 Kilometer angenommen und werden hierfür 8 Pferde in Dienst gestellt.

Ein Beamter dieser Gesellschaft giebt, um den Wagenbestand berechnen zu können, folgende Regel an: Die tägliche Kilometerzahl wird durch die Wagentag-Kilometerzahl dividirt und der erhaltene Quotient mit neun multiplicirt, indem man dann noch die für grosse Steigungen erforderlichen Extra-Vorspannpferde hinzurechnet. Nach dieser Regel würde, wenn der Wagentag mit 80 Kilometer angenommen wird, eine tägliche Kilometerzahl von 2400 einen Stallbestand von 270 Pferden erfordern, die Extra-Vorspann nicht hinzugerechnet.

An der Fourth Avenue-Linie in New-York ist der Wagenbestand folgendermaassen festgestellt: Ein Wagentag ist 11 Stunden, und acht Pferde machen ungefähr fünf Touren, was ungefähr 80 Kilometern gleichkommt. Zu dieser Zahl werden 10 Procent hinzugerechnet für Krankheit und andere 10 Procent für Hufbeschlag und andere Ursachen der Abwesenheit der Pferde von der Arbeit.

Auf dieser Linie finden wir eine Illustration des Einflusses, welchen ein gewichtiger Factor im Strassenbahnwesen ausübt: d. i. die örtliche Lage der Ställe. Pferde von den oberen Ställen machen blos $17^1/_2$ Kilometer (weil sie anderenfalls 25 Kilometer machen müssten), während Pferde von den unteren Ställen $21^1/_2$ Kilometer zu leisten gezwungen werden.

Der Durchschnittspreis für Zugkraft pro Wagentag ist in den Vereinigten Staaten ungefähr 4 Dollars, den Wagentag zu 10—11 Stunden und 72—80 Kilometer angenommen. Hierbei werden blos die wirklich in Arbeit stehenden Pferde in Anrechnung gebracht.

Die Total-Betriebskosten pro Wagen-Kilometer sind auf den fünf grössten Strassenbahnlinien in Massachusetts 16 Cents und auf allen anderen Linien 15·4 Cents und das Verhältniss der Betriebskosten zu den Brutto-Einnahmen ist 86 Procent.

In New-York kostet ein Pferd pro Tag 54 Cents und der Wagenkilometer 6 Cents.

Ausser der regelmässigen Abnützung des Pferdematerials sind noch zu fürchten Epidemien bei heissem Wetter und andere Krankheiten.

Nachdem die Zugkraft allein, d. h. die Kosten von Riemzeug, Stallrequisiten, Hufbeschlag, Pferde-Erneuerung u. s. w. allein 40 Procent der gesammten Betriebskosten ausmachen, kann man ermessen, welch' wichtige Rolle die Herabminderung der Zugkraftkosten in einem Strassenbahn-Betriebe spielt.

Wenn es also richtig wäre, dass die Elektricität als Zugkraft blos ein halbes Theil des Pferdebetriebes kostet, leuchtet es ein, welch' Interesse die Anwendung der Elektricität für die Strassenbahn-Verwaltungen gewinnt.

Wenn wir weiters in Erwägung ziehen, dass ein Pferd blos 8—9 Kilometer in der Stunde machen kann, müssen die Pferde dort, wo man rapide Beförderung verlangt, schon von vorneherein ausgeschlossen werden.

Unter den vielen Systemen, welche vorgeschlagen wurden, um die Pferde als Zugkraft zu ersetzen, befindet sich das Zugseil-System, welches sich übrigens schon an mehreren Orten, besonders dort, wo starke Steigungen und grosser Verkehr existiren, erfolgreich gezeigt hat.

Unter den mannigfachen Einwendungen, welche man gegen dieses System erheben kann, ist eine der gewichtigsten jene der Herstellungskosten. Blos der Leitungscanal allein kostet von 30.000 bis 50.000 Dollars pro Kilometer einfaches Geleise und sind die Installationskosten dermaassen bedeutende, dass das Zugseil-System nur bei Strassenbahnen von ausserordentlich grossem Verkehr in Anwendung kommen kann.

Der Leitungscanal ist natürlicherweise breit und theuer, um genügend grosse Rollen anzubringen, damit ein zu grosser Reibungsverlust vermieden wird. Der

Canal ist wegen der Seile und Rollen sehr schwer zu reinigen. Nachdem der Canal breit und gross angelegt werden muss, ist es schwer, einen solchen Canal zu construiren, welcher nicht allezeit kostspielige Reparaturen erheischt. Die Tiefe des Canals variirt von 60 Centimeter bis 1 Meter und muss bei der Anlage sehr oft auf die in gleicher Tiefe vorkommenden Gas-Wasser- und anderen Rohrleitungen Rücksicht genommen werden.

Nachdem jedes einzelne Seil eine Betriebseinheit ist, wird das Reissen eines Seiles den ganzen Verkehr auf einer langen Strecke unterbrechen. Ein Seilriss kann einen Wagen auf den anderen schleudern, wie es in Philadelphia geschah; oder er kann einen in Ruhe befindlichen Wagen plötzlich in Bewegung setzen, wie es in New-York in der 125th Street vorkam. Das Seil ist ein schwer handliches, umständliches Ding; es hat einen Durchmesser von 29—30 Millimeter und wiegt ungefähr 4000 Kilogramm pro Kilometer.

Die Seile müssen am besten in einer Länge von 7 Kilometern hergestellt werden.

Wenn ein Seil angerieben ist, kann es nicht in Verwendung kommen, bevor es nicht reparirt ist. Wenn es sich um 1 Procent streckt, muss es als unsicher angesehen werden. Diese Schwäche des Seilsystems macht es nothwendig, ein Reserveseil für augenblicklichen Gebrauch und eine doppelte Rollenlinie zu haben.

Bei voller Belastung werden nicht mehr als 20 bis 25 Procent der von den Maschinen entwickelten Kraft für die Bewegung der Wagen verwendet, während

der Rest für die Inbetriebsetzung der Seile verloren
geht. Bei geringerer Belastung ist der Nutzeffect noch
kleiner. Man hat es für unabweisbar gefunden, eine
doppelt so grosse Maschinenkraft vorräthig zu haben,
als zum gewöhnlichen Betriebe nothwendig ist, und
bilden die Reservekessel und -Maschinen eine grosse
Ausgabe.

Jede Tour des Seiles verkürzt dessen Dauer; je
schneller das Seil läuft, desto kürzer wird es aushalten.

Grosse Schwierigkeiten für die Anlage bieten die
Curven, indem kostspielige Uebersetzungs - Trommeln
und Hilfskabel angelegt werden müssen. Die Rollen
müssen unter steter Aufsicht gehalten und fleissig ge-
ölt werden. In Boston kosten die Aufsichtskosten
2 Dollars pro Tag und pro Kilometer einfaches Geleise.
Es ist unmöglich, Ausweichstellen, Kreuzungen u. s. w.
ohne Hilfskabel anzulegen.

Wenn einmal eine Linie angelegt ist, ist jede Ver-
grösserung der Linie mit bedeutenden Kosten verbunden, weil am Ende neue Maschinen angelegt werden
müssen.

Die Geschwindigkeit ist eine begrenzte; ein Wagen
kann nicht schneller laufen als das Kabel um verlorene
Zeit wieder hereinzubringen, ausgenommen an Senkungen
der Linie; auch kann der Wagen nicht langsamer als
das Kabel laufen. Die regelmässige Geschwindigkeit
bleibt dieselbe für alle Theile der Linie, in den be-
völkertsten und in den einsamsten Theilen.

Der Hauptvortheil des Zugseils-Sytems besteht in
seiner Billigkeit dem Pferdebetrieb gegenüber, aber
auch nur dort, wo Linien von grossem Verkehr exi-

stiren. Doch ist dieser Vortheil keineswegs dem Zugseil-System, sondern blos der Billigkeit des Dampfes
Pferden gegenüber zu verdanken. Die Betriebskosten
mit diesem System machen ungefähr 50 bis 70 Procent
des Pferdebetriebes aus.

Was sind nun die Vortheile der Elektricität für
den Betrieb von Strassenbahnen?

Erstens ist der Betrieb ein angenehmerer und
billigerer als ein solcher mit Pferden. Wir erzeugen die
Kraft an einer Centralstelle und führen sie an die Wagen.

Ein Wagen mit elektrischem Motor kann auf
Steigungen und Senkungen schneller laufen als ein
Pferdebahnwagen, und nachdem er sofort angehalten
und ebenso plötzlich wieder in gleiche Geschwindigkeit
versetzt werden kann, ist es nach allem diesem möglich:

die Kilometerzahl mit einer gegebenen Wagen-
zahl zu vermehren;

die Geschwindigkeit grösser zu machen;

kürzere Pausen zwischen den einzelnen Touren
zu machen.

Der Wagen wird 35 Procent weniger Raum als
bei einer Pferdebahn einnehmen, da die Pferde weg-
fallen, und dieser Umstand ebenso wie die Möglichkeit,
nach rückwärts zu fahren, wird es dem elektrischen
Wagen in engen und überfüllten Strassen ermöglichen
seinen Weg fortzusetzen, während unter gleichen Umständen ein Pferdebahnwagen zum Stillstand gezwungen
wäre.

An Senkungen können elektrische Wagen viel
schneller laufen und mit mehr Sicherheit, weil der
Motor sofort nach rückwärts laufen gemacht werden

Fig. 85.

Elektrischer Strassenbahn-Wagen auf Steigung. (Thomson-Houston.)

kann, wenn die Bremskette reissen sollte; bei Steigungen je schneller der Motor läuft, desto besser.

Der Betrieb eines elektrischen Wagens ist viel leichter als jener durch Seil oder durch Pferde; kann leichter angehalten und wieder in Bewegung gesetzt werden; die Wagen sind freier von oscillatorischer oder stossweiser Bewegung.

Die Wagen sind viel reiner.

Dieselben können hübsch beleuchtet und ebenfalls durch Elektricität geheizt werden.

In sanitärer Beziehung ist durch die Entfernung der Pferde ein grosser Vortheil erreicht.

Die Ställe mit allen ihren Nachtheilen und ihrer raschen Entwerthung verschwinden.

Es ist nicht nöthig, Sand auf das Pflaster zu streuen, damit die Pferde besser angreifen können, und das Pflaster wird nicht so schnell verdorben.

Es ist möglich, Zweiglinien anzulegen und Curven und Steigungen zu befahren, welche bei anderem als elektrischem Betriebe gar nicht ausgeführt werden könnten.

Man hat den Einwurf vorgebracht, dass ein ausgedehntes Strassenbahnnetz mit Elektricität nicht betrieben werden könnte; dass der Stromkreis häufige Unterbrechungen erleidet, dass eine grössere Anzahl von Wagen zusammen nicht fortbewegt werden könnte, dass die Motoren sich leicht beschädigen u. s. w., u. s. w.

Es ist zwar wahr, dass derlei Dinge vorgekommen sind, und können, wenn Nachlässigkeit und schlechtes Material vorliegt, wieder vorkommen. Aber es giebt

keinen solcher Unfälle, gegen welchen man bei einiger
Sorgfalt nicht vorbeugen könnte.

In Wirklichkeit giebt es keinen so einfachen und
zu gleicher Zeit nützlichen Apparat für die Uebertragung von Energie, als die dynamo - elektrische
Maschine und den elektrischen Motor.

Es giebt keine Maschine, welche so schwer ausser
Ordnung gebracht werden und die veränderlichsten
Belastungen so leicht ertragen kann, als der elektrische
Motor. Dieser letztere hat blos einen einzigen beweg-
lichen Theil und dieser hat eine rotirende Bewegung.

Der Reibungswiderstand des elektrischen Motors
ist unter gegebenen Bedingungen eine Constante, und
wenn sie gut gebaut und berechnet sind, haben gewisse Typen die bemerkenswerthe und unerreichte
Eigenschaft, dass dieser Reibungswiderstand mit dem
Quadrate der verbrauchten Stromintensität variirt, was
bei Tractionsarbeit von grosser Wichtigkeit ist.

Die Verbindung des Motors mit den Rädern
ist auf verschiedene Weise versucht worden. Es wurden
angewendet: Gall'sche Ketten, Drahtseile, Riemen,
Frictionsscheiben u. s. w.

Es ist merkwürdig, dass sich in Amerika, wo die
elektrischen Strassenbahnen eine grossartige Ausdehnung
erlangt haben, keines dieser Systeme bewährt hat.

Sprague bezeichnet alle diese Anordnungen als
Missgriffe. Nach ihm besteht der einzige Weg zur Ver-
bindung des Motors mit den Wagenachsen darin, den
Motor entweder an dem Wagenkörper oder an dem
Untergestell biegsam aufzuhängen und ihn durch Zahn-
räder mit ein oder zwei Uebersetzungen zu betreiben.

Wenn die Zahnräder gut gemacht sind, ist die Bewegung sanft und leicht, und macht nicht mehr Lärm als ein gewöhnlicher Strassenbahnwagen.

Der Vorschlag, den Motor so zu bauen, dass er dieselbe Anzahl von Umdrehungen wie die Radachse macht, ist für Strassenbahnen nicht auszuführen da hierdurch die Motoren übermässig schwer ausfallen würden.*) Je leichter der Motor, desto schneller seine Geschwindigkeit.

Um das Uebersetzungsverhältniss der Zahnräder festzustellen, giebt Sprague folgende Formel an:

f = die Maximalgeschwindigkeit in Fuss pro Minute, welche der Anker zu jeder Zeit machen soll;

n = Anzahl der Meilen pro Stunde, welche der Wagen durchlaufen soll;

D = Durchmesser des Wagenrades in Zoll;

d = Durchmesser des Ankers in Zoll.

Das Uebersetzungsverhältniss für die Zahnräder wird dann sein:

$$R = \frac{fD}{88\,n\,d}.$$

Es wäre zum Beispiel $f = 4000$, $n = 12$, $D = 30$ und $d = 10$; das heisst die gewöhnlichen Grössen für Strassenbahnen. Wir haben dann:

*) Wm. Baxter in Baltimore behauptet trotzdem einen Motor construirt zu haben, der ein starkes magnetisches Feld, einen Anker mit vielen Windungen und geringem inneren Widerstand und eine solch geringe Tourenzahl aufzuweisen hat, so dass die Räder direct, ohne alle Zahnradübertragung, vom Motor angetrieben werden können. Wir besitzen über die praktischen Resultate dieses sich noch im Versuchsstadium befindlichen Motors keine genauen Auskünfte.

$$R = \frac{4000 \times 30}{88 \times 12 \times 10} = \frac{125}{11}$$

und dies Verhältniss muss alsdann durch zwei Uebersetzungen bewerkstelligt werden.

Eintheilung der verschiedenen Systeme.

In Elektricität haben wir zwei Anwendungen für
Strassenbahnen.

Bei der einen ist jeder Wagen vollständig unabhängig von dem andern. Er wird in der Centralstation
mit Strom versehen und schafft als individuelle Einheit.
Dies ist der Betrieb mit Accumulatoren.

Das andere System ist ein solches, bei welchem
der Strom der Centralstelle direct an den Motor geht.
Während bei dem Accumulatoren-System die im Dampf
enthaltene Energie vierfache Umwandlungen zu bestehen
hat, hat das directe System deren blos zwei aufzuweisen.

Für die Zuführung des Stromes giebt es verschiedene Formen von Leitern:

Schienen unter den Rädern,
eine Schiene mitten im Geleise,
Schiene neben dem Geleise,
unterirdische Canäle, in welchen sich der Leiter
befindet,
und oberirdische Drähte.

Es kann entweder ein geschlossener metallischer
Stromkreis in Anwendung kommen, oder aber werden
die Schienen und die Erde für den Rückstrom benützt.

Die Motoren selbst können betrieben werden
in Parallelschaltung;
in Serienschaltung und
in gemischter Schaltung.

Das Accumulatoren-System.

Wir glauben, wir können dieses Capitel nicht besser
beginnen, als indem wir zuerst anführen, was von den
Interessenten über die Vortheile dieses Systems angeführt wird, indem wir den Gegnern desselben später
ebenfalls das Wort lassen.

Die Julien Electric Traction Co. in New - York
veröffentlicht folgenden Bericht:

Der letzte Wagen, welchen wir dem Betriebe über-
geben haben (Wagen Nr. 7) und welcher als Type
jener Wagenform zu gelten hat, welche wir endgiltig
angenommen haben, macht täglich fünf Rundfahrten
zwischen Eightysixth Street, Madison Avenue und Post-
Office, oder täglich $57^{1}/_{2}$ Meilen ($92^{1}/_{2}$ Kilometer).

Das ist an dieser Linie ein »car - day« oder
Wagentag.

Während der letzten 40 Tage hat der
Wagen 998·10 Dollars eingenommen, was
jährlich einer Durchschnitts-Einnahme gleich
ist von . . . . 9106·75
Bei Pferdebetrieb sind die Einnahmen eines
  Wagens . . . . 6387·50
Differenz zu Gunsten des Julien-Systems . . 2719·25

Wenn wir von der Brutto-Einnahme 4 Dollars täglich für den Kutscher und Conducteur,

Dollars

Fodor, Elektr. Motoren.   9

3·60 Dollars für Zugkraft, Abnützung und für Steuer abziehen, was 2774·75 Dollars ausmacht, würden bleiben, als jährlicher Gewinn   6332·75

Ferner Abzug von 6 Procent Interessen nach einem Capital von 6000 Dollars (Kosten des Wagens, der Accumulatoren, der stationären Motoren u. s. w.) . . . .   360·00

Bleibt ein Reingewinn von . . . . . . 5972·75

Dieser Reingewinn wird die Anschaffungskosten des Wagens und seiner Apparate schon am Ende des ersten Jahres ersetzen.

Während der Zeit, als der Wagen im Betriebe war, haben weder die Accumulatoren noch die Motoren eine besondere Wartung erheischt, noch wurde ein Dollar für Reparaturen oder Materialerneuerung ausgegeben. Selbst die Bürsten an den Motoren wurden nicht ausgewechselt, noch zeigen dieselben eine Spur von Abnützung.

Wagen Nr. 1 an der Fourth-Avenue wurde am 3. September 1888 in Dienst gestellt und am 8. April 1889 wurden seine Accumulatoren zum ersten Male untersucht. Dieselben wurden während dieser Zeit weder gereinigt noch aus den Kästen herausgehoben. Dieselben wurden in so guter Erhaltung befunden, als seien sie eben in Dienst gestellt worden; keine einzige Platte in der ganzen Batterie zeigte eine Spur von Abnützung oder Beschädigung.

Früher glaubte man, dass die Manipulation der Batterien ein ernstes Hinderniss für den Accumulatorenbetrieb bilde. Die Compagnie hat aber jetzt einen

Apparat, mittelst welchem binnen drei Minuten die entladenen Accumulatoren aus dem Wagen geschoben und durch frisch geladene ersetzt werden können.

Einer der wichtigsten Vortheile des Accumulatorenbetriebes ist jener, dass alle oberirdischen Drähte, unterirdischen Stromzuleitungen oder Leitschienen entfallen.

Die Compagnie berechnet die Kosten der Zugkraft für 1 Wagentag von 96 Kilometern mit 3·10 Dollars. Hierbei werden die Kosten der elektrischen Pferdekraft mit 2 Cents pro Stunde angenommen. Für die Erhaltung der Batterien und Motoren werden 7000 Dollars jährlich in Rechnung gestellt. Jenen gegenüber, welche meinen, dass der Preis von 2 Cents pro elektrische Pferdekraft, geliefert an den Klemmen der Accumulatoren, als zu niedrig eingestellt ist, bemerkt die Compagnie, dass sie von verschiedenen elektrischen Gesellschaften solche Anbote zur Stromlieferung bekommen hat.

Die neuen Wagen der Compagnie werden etwas über 6 Tons wiegen, d. h. nur »etwas« mehr als die elektrischen Wagen ohne Accumulatoren.

Von den Gegnern des Systems wird nun Folgendes behauptet:

Es ist selbstverständlich, dass beim Accumulatorenbetriebe mehrere Tonnen Gewicht an Batterien zur Bewegung des Wagens verwendet werden, und dass dieselben ein todtes Gewicht bilden.

Dieses todte Gewicht erfordert eine stärkere Construction des Wagens und der Motoren und wiegt der kleinste nicht unter 6½ Tons oder 13.000 Pfund.

9*

Ein gleicher Wagen für directen Betrieb wiegt blos 6600 Pfund, d. h. gerade die Hälfte. In Boston war die Durchschnittsbelastung pro Wagen und pro Meile zehn Passagiere oder beiläufig 1400 Pfund. Dieses Gewicht zu den zwei vorhin genannten Zahlen dazugerechnet, giebt eine Totalbelastung von 14.400 Pfund für das Accumulatoren- und 8000 Pfund für das directe System.

Zu diesem Unterschiede in der Belastung muss weiters noch der Verlust gerechnet werden, welchen der elektrische Strom in den Batterien erleidet. Im directen Systeme geht der Strom der primären Dynamo direct zu dem Motor. Im Accumulatorenbetrieb geht der Strom zuerst zu den Accumulatoren und von diesen aus zum Motor.

Man kann den aus diesen Umwandlungen resultirenden Verlust mit 35 Procent berechnen. Dem gegenüber muss der Verlust in Rechnung gestellt werden, welchen der Strom beim directen System in den Leitdrähten, Kabeln oder Schienen erleidet.

Dieser Verlust ist aber gering und kann, wenn die Sache ordnungsgemäss betrieben wird, mit 5 Procent angenommen werden.

In jedem Falle aber werden die Manipulationskosten der Accumulatoren doppelt so gross sein, als die Unterhaltungskosten für das Leitungsnetz bei directem Systeme.

In einem Wagen der Julien Co. giebt es 120 Accumulatoren. Jeder derselben hat 19 Platten, im Ganzen also 2280 Platten. *)

---

*) Der neueste Wagen der Julien Electric Company hat einen 16 Fuss langen Körper, welcher von einem ganz unabhängigen,

Die Gegner des Accumulatorensystems behaupten nun, dass alle diese Platten sorgfältig untersucht werden müssen, das angesäuerte Wasser häufig verificirt und durch frisches ersetzt werden muss. Von den Platten bröckelt sich die Füllmasse ab und muss entfernt werden; sehr oft müssen schlechte Platten entfernt und lose Verbindungen neu gelöthet werden. Das Laden der Elemente muss genau beaufsichtigt werden u. s. w.

Wir haben vorhin gehört, was die Julien Co. für die Dauer ihrer Batterien angegeben hat, und dürfte dasselbe wohl bei keinem erfahrenen Elektriker Glauben finden.

Die Abnützung der positiven Platten, von welchen die Julien Co. selbst nach einem siebenmonatlichen Betriebe keine Spur entdeckt haben will, wird von

---

festen »truck« getragen wird. Das Ganze mit Motoren, Transmissionen und Accumulatoren wiegt beiläufig 7 Tons. Dies Gewicht wechselt natürlich je nach der Bahn. Der Wagenkörper ist, wie gesagt, vom »truck« ganz unabhängig und kann behufs Reparaturen sehr leicht abmontirt werden. Der Wagen hat 2 Motoren, jeder von 10 Pferdekräften, mit welchen eine Steigung von 5 bis 6 Procent und 800 Fuss Maximallänge befahren werden kann.

Der Strom wird geliefert von 2 Batterien Accumulatoren, von welchen jede 108 Zellen enthält. Je eine Batterie wird geladen, während die andere im Dienste ist. Der Wechsel der Batterien geschieht in einem Zeitraume von 4 bis 8 Minuten.

Die Zellen sind unter den Sitzen an beiden Längsseiten des Wagens angebracht. Die in den Accumulatoren aufgespeicherte Energie beträgt das Doppelte, was wirklich verbraucht wird.

Die Dauer der Accumulatoren wird mit zwei Jahren angegeben. Die zum Laden der Accumulatoren nothwendige motorische Kraft soll $3^1/_2$ Dollars für einen Wagentag von 75 Meilen betragen, ungefähr 10 Pfennige pro Pferdekraftstunde.

anderer Seite vielleicht zu gross geschätzt. Nach den Gegnern der Accumulatoren könnten die positiven Platten 12.500 Meilen nicht überdauern. Nachdem der Wagentag mit 60 Meilen angenommen wird, müssten die positiven Platten alle 208 Tage ausgewechselt werden, was einer Abnützung von 57 Procent gleichkäme.

Betreffs des Gewichtes der Accumulatoren können wir uns auf die Angaben einer der ersten Fabrikanten, der Electrical Power Storage Company, beziehen.

Die Tramwaytypen von Accumulatoren haben folgende Verhältnisse:

Type	Ladung in Ampères	Entladung in Ampères	Totales Gewicht mit Wasser	Ampère Stunden
T 11	16—20	1—20	30—37 Pfund	66
T 15	24—28	1—30	42—52 »	95
T 19	30—35	1—40	54—65 »	120
T 23	38—42	1—50	66—79 »	145

Auf einem Wagen mit grossem Verkehr wird man wohl die T 23-Type wählen müssen. Wenn wir 120 Accumulatoren haben, so stehen uns im Ganzen $120 \times 2\ V \times 50\ A = 12.000$ Watts oder 16 Pferdekräfte während $2^1/_2$ bis höchstens $2^3/_4$ Stunden zur Verfügung.

Das Gewicht der Accumulatoren beträgt 9480 Pfund oder 4300 Kilogramm. Wenn die Elemente sehr oft während des Tages geladen werden können, ist es freilich möglich, eine leichtere Type zu wählen und das todte Gewicht auf beiläufig 2000 Kgr. herunter zu setzen, aber auch dies ist noch ein genug grosser Verlust.

In Folge dieses überschüssigen Gewichtes und des von den Accumulatoren eingenommenen Raumes müssen die Wagen eine ganz eigenthümliche, schwerere Construction haben und müssen eigens für diesen Zweck gebaut sein, während es bei dem directen Systeme möglich ist, die bereits vorhandenen Wagen zu adaptiren und für elektrischen Betrieb einzurichten. Das Accumulatorensystem macht die alten Wagen werthlos und die neuen theurer. Während es bei directem Betrieb noch möglich ist, zweiachsige Wagen anzuwenden, können für Accumulatoren blos drei- oder vierachsige in Betracht kommen.

Es dürfte ferner, besonders bei alten Bahnen, nothwendig sein, das Geleise und die Schwellen einer Revision zu unterziehen, bevor man sie mit Wagen befahren lässt, welche 2 bis 4 Tonnen schwerer sind als jene, für welche die Bahn ursprünglich angelegt wurde.

Trotzdem in der Erzeugung der Accumulatoren in der letzten Zeit erhebliche Fortschritte gemacht wurden, sind sie doch nichts Verlässliches. Alle Augenblicke verändert man die Legirung des Metalls, die Form der Platten, die Isolatoren und Separatoren u. s. w.

Es ist ferner ein Uebelstand, dass man dem Accumulator niemals die Totalität seiner Ladung, sondern blos einen Theil derselben entnehmen darf. Bei grossen Anforderungen wird der Accumulator bald den Weg alles Irdischen gegangen sein. Es ist daher nothwendig, Accumulatoren von grosser Capacität mitzuschleppen und demzufolge das todte Gewicht zu vermehren.

Trotz alledem hat das Accumulatorensystem seine Existenzberechtigung, weil es noch immer billiger kommt als der Pferdebetrieb. In Städten, wo weder oberirdische noch unterirdische Leitungen angelegt werden dürfen, ist das Accumulatorensystem unabweisbar.

Das unterirdische System.

Den elektrischen Strassenbahnen directen Systems wird der Strom entweder durch eine Luftleitung oder aber durch einen in einem Canal befindlichen Leiter zugeführt. (Von den Gleitschienen wollen wir hier nicht sprechen.)

Beide sind abhängig von einer Centralstation und beide haben so ziemlich die nämlichen Betriebskosten, die Unterhaltung des Canals selbst nicht in Betrachtung gezogen.

Der grosse Unterschied zwischen beiden besteht in den Anlagekosten. Die für den Kupferleiter verausgabte Summe dürfte sich für beide Systeme gleich bleiben; der Unterschied zeigt sich nur bei den Anlagekosten für die Pfähle, welche das oberirdische Kabel tragen sollen, und bei den Kosten für die Anlegung des Canals, in welchem der Stromleiter angebracht wird.

Ein unterirdisches System kann nur dort angelegt werden, wo ein intensiver Verkehr existirt. Es ist jedenfalls billiger als das Zugseilsystem, und werden die Kosten für Pferde-, Zugseil- und unterirdisches elektrisches System wie folgt berechnet.

Construction und Materialbestand.

Die Preise sind in Dollars ausgedrückt.

	Pferdebetrieb		Elektr. Betrieb mit unterirdischer Leitung		Zugseil-Betrieb	
10 Meilen Strecke	à 7000	70.000	à 7000	70.000	à 7000	70.000
40 Wagen*)	à 850	34.000	à 700**)	28.000	à 950***)	38.000
400 Pferde	à 150	60.000	—	—	—	—
10 Meilen Canal	—	—	à 25.000	250.000	à 65.000	650.000†)
Dampfmaschinen-Anlage . . .	—	—		20.000		25.000
Dynamo-Maschinen	—	—		24.000	—	—
40 elektr. Motoren mit Zugehör . .	—	—	à 1500	60.000	—	—
Maschinerie und Rollen . . .	—	—	—	—		10.000
Gebäude	—	—		10.000		10.000
	Dollars	204.000	Dollars	462.000	Dollars	803.000

*) Wagenkörper kosten 700—1200 Dollars.

**) Achsen und Räder werden als Motoren-Zugehör angenommen.

***) Mit Seilführung.

†) Von 50.000 bis 100.000 Dollars per Meile. Curven, Kreuzungen und Ausweichstellen bilden eine noch grössere Ausgabe.

Jährliche Betriebskosten.
Die Preise sind in Dollars ausgedrückt.

	Pferdebetrieb	Elektr. Betrieb mit unterirdischer Leitung	Zugseil-Betrieb
Unterhalt und Erneuerung von 400 Pferden	à 219 87.600	—	—
Kohle, 2·50 Dollars per ton .	—	7756	9581
Gehalte: Ingenieur u. s. w. .	—	1460	1460
Heizer	—	1095	1095
Schmierung der Rollen . .	—	—	4000
Abnützung	à 5% 7.200*)	à 3% 13.860	à 3% 23.694**)
Unterhaltung des Seils . . .	—	—	13.900
Interessen 6%	12.240	27.720	48.180
	Dollars 107.240	Dollars 51.891	Dollars 101.210

*) 204.000 Dollars, weniger 60.000 (Anschaffungskosten der Pferde).
**) 803.000 Dollars, weniger 13.200 (Anschaffungskosten des Seiles).

Angenommen wird eine Bahn, 5 Meilen lang, doppeltes Geleise mit 40 Wagen im Betriebe. Durchschnittliche Geschwindigkeit 6 Meilen in der Stunde. Höchste Steigung 5 : 100. Betriebszeit 16 Stunden pro Tag.

Die Herstellungskosten der Luftleiter stellen sich um 20.000 bis 22.000 Dollars pro Meile billiger als das Canalsystem.

Der Vortheil des Canalsystems ist blos jener, dass alle oberirdischen Leitungen vermieden sind. Seine Nachtheile sind die Schwierigkeiten der Reinigung des Canals, die Möglichkeit von Stromverlusten durch Feuchtigkeit, und können auch allenfalsige Reparaturen nur mit vielen Umständen bewerkstelligt werden.

Das System Bentley-Knight ist typisch für eine unterirdische Leitung.

Es besteht aus eisernen gespaltenen Röhren, welche in Stücken von 6 Fuss Länge zusammengesetzt werden. Die Stromzuleiter bestehen aus Kupferbarren, welche durch biegsame Klemmen mit einander verbunden sind, um der Ausdehnung des Metalls durch Wärme zu begegnen. Der Stromverlust in diesen Leitern beträgt höchstens 5 Procent. Weder die Schienen noch der Canal werden als Rückleitung benützt.

Die elektrische Verbindung zwischen dem Motor und den Stromzuleitern wird hergestellt durch Gleitstücke, welche aus platten Rähmchen bestehen, welche seitlich von dem Wagen, auf einer Traverse aufgesetzt, herunterhängen und längs des Röhrenspaltes und der Kupferbarren gleiten. Diese Gleitstücke sind so angeordnet, dass sie sich allen Ungleichheiten der Barren

oder des Canals anschmiegen. Die Rähmchen bergen
die isolirten und flachen Contactklemmen, an deren
unterem Ende sich die Contactschuhe befinden, welche
auf den Kupferbarren schleifen. An den oberen Enden
der Klemmen befinden sich die Drähte, welche zu dem
Motor führen. Die Gleitstücke können aus dem Canal nach
Wunsch entfernt werden. Die Rahmen sind gegen Abnützung durch Stahlverkleidung geschützt, wo immer
sie auch an den Spalt streifen, und die Contactschuhe
sind aus weichem Metall gemacht, um der Abnützung
der Kupferbarren vorzubeugen.

Um den Canal jederzeit bequem untersuchen zu
können, st der Spalt zum Oeffnen und Schliessen
eingerichtet. Der Spalt ist gewöhnlich blos $^5/_8$ Zoll
offen. Der Canal kann entweder seitlich zum Geleise
oder zwischen den beiden Schienen gelegt werden.

Dieses System besteht demnach in der Hauptsache in einem unterirdischen Leiter, auf welchem ein
vom Wagen herabhängender Contact gleitet. Die
Leiter sind in einer halb offenen Röhre eingeschlossen,

Diesem System macht man den Vorwurf, dass
der Staub und der Kehricht leicht in die offene Spalte
eintreten und das Gleiten des Contactes erschweren,
wenn nicht ganz unmöglich machen können. Doch hat
das System den Vorzug, in die Praxis übergegangen
zu sein, während andere Vorschläge eben blos Vorschläge geblieben sind.

Einer derselben geht von M. Wynne aus. Derselbe versieht den Tramwagen mit Contactbürsten,
welche ganz einfach auf direct neben oder zwischen
dem Geleise befindlichen Stromabnahmestellen in Knopf-

form schleifen. Die Stromzuleiter sind in einer ganz geschlossenen Röhre verborgen. Von dieser Röhre gehen (sagen wir, jede 20 Cm.) Contactstellen in Knopf- oder Zahnform aus, welche, sorgsam von einander isolirt, auf der Strasse frei zu Tage liegen. Durch diese Anordnung soll verhütet werden, dass der frei- liegende Theil des unterirdischen Leiters eine ununter- brochene Linie bilde. Das Publicum bekommt von den Leitern nichts anderes zu sehen, als eine Reihe von metallenen Knöpfen, welche längs des Geleises ein- herzieht.

In diesen Knöpfen soll aber nie Strom vorhanden sein, um die unausbleiblichen grossen Stromverluste zu vermeiden. Es soll nur in jenen Knöpfen Strom sein, welche gerade vom Wagen und seinen Contact- bürsten bedeckt werden.

Zu diesem Zwecke befindet sich in der ge- schlossenen Röhre ein Contactwagen, der aus einem kleinen Elektro-Motor gebildet ist.

In der Röhre befinden sich wie wir wissen, die Stromzuleiter in Barrenform. In denselben ist stets Strom vorhanden. Auf den Barren steht das Contact- wägelchen. Die Decke des Contactwagens, auf welcher sich die Gleitstücke befinden, führt den Knöpfen den Strom zu. Der Strom (sagen wir, der positive) geht da- her von der Zuleitungsbarre in den Anker des Contact- wagens und verlässt denselben, um in die Knöpfe zu ge- langen. Durch den Strom im Anker wird der Contact- wagen in Bewegung versetzt und derselbe läuft mit dem Tramwagen zu gleicher Zeit, unter demselben verborgen, her, blos jene Knöpfe mit Strom versorgend, auf welchen die grossen Contactbürsten angreifen.

Dieses System ist viel zu complicirt und erfordert viel zu viel Unterhaltung, als dass es erfolgreich in die Praxis übergehen könnte.

Ein anderes System, das aber in der Praxis ganz gut besteht, ist jenes von Siemens und Halske. Der unterirdische Canal, in welchen die Leiter eingeschlossen sind, hat nach oben zu eine Verengerung, in welcher die Contactstellen lagern. Diese Verengerung ist gebildet aus zwei neben einander stehenden Schienen, welche gerade so viel Platz lassen, dass die auf den Contactstellen schleifenden Rahmen oder Rädchen Platz haben.

Crompton und Soll haben eine geringe Modification des Bentley-Knight-Systems vorgeschlagen, deren Hauptzweck die Reinigung des Leitercanals durch einen Kratzer und einen Ventilator und die Schmierung des Gleitstückes mit Vaseline ist.

Lineff und Bailey bedienen sich als Stromzuleiter einer kupfernen isolirten Röhre, welche in irgend einem Canal eingeschlossen ist. Auf dieser Röhre sind nackte Contactstücke aufgekeilt, auf welchen ein vom Wagen herabhängendes Kupferseil schleift. Dieses Seil ist mit dem Wagen durch einen Schlitten verbunden, der auf einer Längsstange je nach den Bewegungen des Wagens hin- und hergleitet.

Wheless bedient sich für den Bahnkörper nicht eines continuirlichen Geleises, sondern das letztere besteht aus von einander getrennten und isolirten Schienenlängen, welche als Vermittler bei der Stromzuleitung dienen. Die grossen Wagenräder sind aus »Papier maché«, um Kurzschluss durch den Wagenkörper zu vermeiden. Jedes Radpaar ist begleitet von einem Paar kleiner Contacträder aus Metall, welche auf den Schienen hinter den grossen Rädern her laufen. Der eigentliche Stromzuleiter befindet sich verdeckt in der Mitte des Geleises. Jedes Schienenstück-Paar ist mittelst Drahtabzweigungen mit dem Stromzuleiter verbunden. Auf dem Wagen selbst befindet sich eine kleine Accumulatoren-Batterie, deren Enden in das hintere Contacträder-Paar auslaufen. Der Batteriestrom geht durch die Contacträder, von diesen in ein Schienenstück-Paar und bethätigt dortselbst einen Elektromagneten, welcher den dem Motor zuzuführenden Stromkreis im Stromzuleiter öffnet und schliesst. Das hintere Contacträder-Paar befindet sich stets auf einem Schienenstück-Paar, während das vordere Contacträder-Paar sich bereits auf dem nächstfolgenden Schienenpaar befindet.

Das oberirdische System.

Das oberirdische System besteht in der Hauptsache aus einem über das Geleise gespannten Leiter auf oder unter welchem ein auf der Wagendecke angebrachter Contact gleitet.

Es giebt verschiedene Methoden, diese Stromzuleiter anzubringen.

Die eine besteht darin, quer über die Strasse, in einer Distanz von 50 Metern, Drähte zu spannen, welche entweder an den Mauern der Häuser oder aber an eigens hierzu aufgestellten Pfosten befestigt werden. Auf diesen

Querdrähten wird in einer Höhe von beiläufig 6 Metern über dem Geleise ein mit dem letzteren parallel laufender Längsdraht von 6 Mm. Durchmesser aufgehangen, welcher »working conductor« oder »arbeitender Leiter« genannt wird. Derselbe soll sehr elastisch, sehr zähe und wenig ausdehnbar sein und soll allen mechanischen und chemischen Einwirkungen gut widerstehen können.

Die Leitungsfähigkeit dieses »arbeitenden Leiters« ist von geringer Wichtigkeit, weil die Stromzuführung nicht von ihm, sondern von dem Hauptleiter abhängt, welcher diese Zuführung in ganz unabhängiger Weise von dem Arbeitsleiter besorgt. Bei dem letzteren sind Stärke und Widerstandsfähigkeit viel wichtiger als geringer elektrischer Widerstand.

Das beste Material für diesen Arbeitsleiter ist Siliciumbronze. Dasselbe nützt sich wenig ab und widersteht auch der chemischen Zerstörung durch die Luft oder durch Dämpfe. Er ist von gleichem Querschnitt die ganze Linie entlang.

Der Hauptstromleiter wird längs des Geleises ober- oder unterirdisch geführt. Von demselben werden alle Kilometer Abzweigungen für den Arbeitsleiter gemacht. Auch werden bei langen Linien separate »Feeders« für den Arbeitsleiter angelegt.

Falls der Hauptleiter unterirdisch geführt wird, giebt es blos einen einzigen Draht über einem einfachen und zwei Drähte über doppeltem Geleise. Sie werden nicht dicker als ein gewöhnlicher Telegraphendraht sein.

Der Arbeitsleiter wird durch Ausschalter und Sicherheitsvorrichtungen in mehrere Sectionen getheilt, welche nöthigenfalls unabhängig von einander betrieben werden können und sich im Falle eines Fehlers auto- matisch ausschalten. In vielen Fällen sind Querdrähte zum Aufhängen des Arbeitsleiters ganz überflüssig. In breiten Strassen können gusseiserne Träger aufge- stellt werden, auf deren Armen der Arbeitsleiter direct aufgehangen wird.

Der Rückstrom wird in die Schienen geführt. Diese letzteren sind durch einen Kupferdraht verbunden, welcher längs des ganzen Geleises läuft. Dieser Draht ist ausserdem noch jede 200 Meter mit einer Erdplatte versehen. Der Erdedraht wird in die Centralstation eingeführt, wo er mit den Dynamos verbunden wird.

Die Benützung der Schienen als Rückleitung hat das Gute, die Adhäsion der Räder auf den Schienen zu vermehren. Was hiervon die Ursache ist, ob der Magnetismus hierbei eine Rolle spielt, oder ob es eine Erwärmung der Schienen ist, wurde bis jetzt noch nicht klargestellt, was jedoch nichts an der Thatsache ändert, dass der Erdstrom die Adhäsion vermehrt.

Der Strom wird von dem Arbeitsleiter dem Motor durch eine Rolle zugeführt, welche federnd auf dem unteren Theile des Leiters schleift. Die Rolle ist auf eine biegsame Gerte aufgesteckt, welch' letztere auf dem Wagendache angebracht ist.

Das Seriensystem.

Der Anwendung von hochgespannten Strömen für elektrische Strassenbahnen stehen verschiedene Schwierigkeiten entgegen. Dieselben sollen durch das Seriensystem beseitigt werden, bei welchem, wie es

Fodor, Elektr. Motoren. 10

schon der Name sagt, die Motoren auf Spannung geschaltet werden.

Eine nach solchem Systeme arbeitende Strassenbahn haben wir in Northfleet, England, und Herrn

Fig. 37.

Elektrische Strassenbahn System Thomson-Houston.

Manville verdanken wir schätzenswerthe Auskünfte
über die erzielten Erfolge.

Die hauptsächlichen Bestandtheile einer elektrischen
Tramwaylinie, bei welcher die Motoren auf Spannung
geschaltet werden, sind folgende:

10*

Ein elektrischer Stromerzeuger von constanter Stromintensität und variabler elektromotorischer Kraft, welch' letztere sich je nach der von der Motoren-Gesammtzahl gethanen Arbeit ändert;

der Stromleiter, welcher den Motoren den Strom mittelst automatischen Umschaltern derart zuführt, dass die Continuität des Leiters so lange unterbrochen bleibt, so lange sich der Motor in elektrischem Contact mit den offenen Enden des Leiters befindet, und dass diese Continuität wieder hergestellt wird, sobald sich der Motor nicht mehr mit den Enden des Leiters in Contact befindet.

Dieses Erforderniss muss erfüllt werden, ohne dass hierdurch die metallische Continuität gestört oder ohne dass der Motor kurzgeschlossen wird.

Der Stromerzeuger, welcher in Northfleet angewendet wird, ist eine Statter'sche Dynamo von constanter Intensität. Die elektromotorische Kraft dieser Dynamos wird mittelst eines automatischen Regulators durch Verstellung der Bürsten bewirkt.

Von der Dynamo geht der Strom in ein ausgezeichnet isolirtes Kabel, das sich auf die ganze Länge der Linie erstreckt. Dieses Kabel ist je 21 Fuss lang in Stücke geschnitten, und die Enden derselben sind in Klammern eingeführt, welche mit den sich gegenüber stehenden Flächen eines »spring jack« verbunden sind. Diese »spring jacks« sind gleichzeitig automatische Ausschalter und Contactstellen, von welchen der Strom abgenommen wird. Von dem letzten dieser Ausschalter geht der Rückstrom durch ein einziges isolirtes Kabel nach der zweiten Klemme der Dynamo zurück.

Der »spring jack« besteht aus einem Paar glasirter Thonblöcke von $14 \times 3 \times 4$ Zoll Dimensionen. An jedem Block ist mittelst eines doppelten Spiralringes ein Bronze-Gussstück angebracht, das an den Enden abgerundet, im Mittel aber flach ist. Die Federn sind stark genug, um die zwei Gussstücke hart aneinander zu pressen und die Continuität des durchschnittenen Kabels zu erhalten.

Unter dem Wagen, seiner ganzen Länge nach, befindet sich der Collector oder auch »Pfeil« genannt, welcher aus zwei dicken Guttapercha-Riemen besteht, auf welche, beinahe der ganzen Länge nach, ein breiter Messingstreifen aufgenietet ist. Die »Nase« oder die »Spitze« dieses »Pfeiles« ist mit einem schmiedeeisernen Messer versehen, welches sich zwischen die beiden Flächen des »spring jack« klemmt und durch dieselben passirt, nach welcher Passage sich die Flächen wieder automatisch aneinander pressen.

Der Messingstreifen an dem Pfeil, welcher dem Motor den Strom zuführt, ist nicht bis ganz an das Ende des Pfeiles geführt, sondern ist etwas kürzer als dieser. Durch dieses fehlende Stück, welches nur ein klein wenig breiter ist, als die Contactflächen des »spring jack«, wird die Kurzschliessung des Motors während der Passage des Wagens von einem »spring jack« zum anderen vermieden.

Der Leiter an jeder Längsseite des Pfeiles ist durch ein isolirtes Kabel mit dem Motor im Wagen verbunden. Auf jeder Plattform des Wagens befinden

sich zwei starke Umschalter. Einer derselben dient
dazu, die Umdrehungsrichtung des Ankers durch Um-
schaltung der Anker- und Nebenschluss-Verbindungen
zu bewirken, der andere Umschalter dient für die
Stromregulirung, um mehr oder weniger Geschwindigkeit zu erzielen. Das Stillstehen des Wagens wird
durch gänzliche Kurzschliessung der Elektro-Bewick-
lung bewirkt, während der Hauptstrom durch den
Anker geht.

Die Motoren machen 400 Umdrehungen in der
Minute und sind 15 Pferdekräfte stark. Durch diese
geringe Geschwindigkeit wird das Uebersetzungsverhältniss der Motorachse auf die Wagenräder verein-
facht.

Die Springjacks befinden sich in einem Canal oder
Rohre, welches unter einer Doppelschiene läuft. Diese
Schiene besteht aus zwei Längsschienen, zwischen
welchen ein Spalt besteht. Zwischen diesem Spalt
läuft die mechanische Verbindung des Pfeiles mit dem
Wagen. Die Schienen lagern auf gusseisernen Haltern
an welche sie angeschraubt sind. Die Halter sind je
vier Fuss von einander entfernt, ausgenommen an den
Schienenverbindungen, wo sie näher zusammenstehen.
Der Canal, in welchem die Halter aufgestellt sind, ist
mit Portland-Cement gemauert.

Die Schienen sind in Längen von 21 Fuss gemacht, correspondirend mit den Entfernungen der
Springjacks von einander. Jede Schienenverbindung
befindet sich in einer Art von Kammer oder Mann-
loch, durch welches man zu den Springjacks gelangen
kann. Das Mittel des Canals ist ein wenig nach innen

des Geleises gerichtet, so dass sich der Pfeil nicht gerade unter dem Spalt befindet, was bei Regenwetter durch herabtröpfelndes Wasser die Isolirung des Pfeils gefährden würde.

Elektrische Locomotiven.

Bis jetzt kennen wir von elektrischen Locomotiven für öffentlichen Personen- und Güterverkehr blos jene von Leo Daft, welche auf den amerikanischen »elevated railroads« im Betriebe ist. Die Locomotive besteht aus einem Rahmen mit zwei Rädern, welche durch Scheiben ausserhalb der Achsenlager mit zwei gusseisernen Zahnradübersetzungen zusammengekuppelt sind, welche sich auf der hinteren Wagenachse befinden. Der Motor pivotirt auf Piedestals auf dem rückwärtigen Theile des Wagens. Die Bewegung wird von dem Motor mittelst schmiedeeiserner Kegelräder übertragen. Der Motor wiegt 10 Tons und kann bei 200 Pferdekräfte entwickeln. Der Strom wird dem Motor durch das Schienengeleise zugeführt. Die Geschwindigkeit variirt von 22—30 Meilen per Stunde.

Aus angestellten Versuchen geht hervor, dass die elektrische Locomotive bei gleichem Eigengewicht eine viel grössere Last zu befördern im Stande ist, als die Dampf-Locomotive. Daft sucht dies damit zu erklären, dass die Capacität des elektrischen Motors eine constante ist, während sie beim Dampf intermittirt. Daft hält dafür, blos einen einzigen Motor für die elektrische Locomotive zu verwenden, da die Benützung mehrerer auf einem Wagen zu viel todtes Gewicht und zu grosse Anschaffungskosten herbeiführen würde. Der Durch-

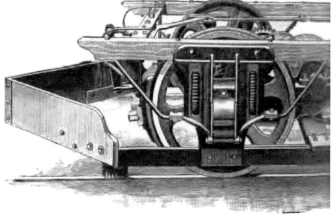

Thomson-Houston's

gang des Stromes von den Rädern zu den Schienen soll nach Behauptung Vieler die Adhäsion vermehren und soll den Tractionseffect um 30% höher machen.

Potentialdifferenz der Motoren.

Das Maximum der Potentialdifferenz für Tramway-Motoren ist 500 Volts.

Diese hohe Spannung kann für Bahnen, welche oberirdische Stromzuleitung haben, nur schwer erniedrigt werden. Der Contact, welcher zwischen dem Leiter und der unter ihm oder auf ihm schleifenden Stromzuführungsrolle durch Federung hergestellt wird, ist ein elektrisch unvollkommener. Derselbe soll zur

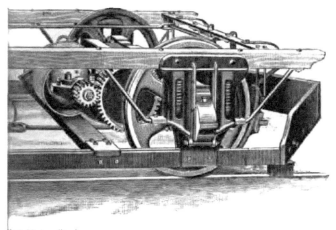

ter Motor Truck.

Ueberführung von starken Strömen dienen, ohne sich zu erwärmen.

Es ist begreiflich, dass man, um diesen Zweck zu erreichen, die Ampèrezahl so tief als möglich hinunterzudrücken sucht.

Ein zweiter Grund zur Anwendung hoher Spannung besteht auch in der Länge und Ausdehnung der Leitungen, deren Querschnitt man so viel als möglich zu verringern sucht, obwohl in letzterer Zeit auch bei Bahnen das Federsystem zur Anwendung kommt.

Die Motoren für Accumulatorenwagen haben eine Potentialdifferenz von 300 Volts abwärts.

Die Anwendung höherer Spannung als 500 Volts wird nur bei elektrischen Locomotiven versucht.

Die Uebertragung der Bewegung.

Die in Amerika übliche Uebertragung der Bewegung des Motors auf die Räderachsen ist die mittelst Zahnradübersetzung.

Thomson-Houston beschreiben ihr System folgendermaassen: Die Motoren sind beweglich auf dem Rahmen aufgehangen und sind vollständig unabhängig von dem Wagenkörper. Die Motoren sind so angebracht, dass sie von der Erde noch ziemlich hoch entfernt sind, und braucht der Wagenkörper behufs ihrer Anbringung nicht verändert zu werden.

Jeder Motor hat blos einen Commutator. Auf dem Anker liegt blos ein Bürstenpaar auf; wenn der Wagen rückwärts laufen soll, brauchen die Bürsten nicht gedreht zu werden.

Die Vertheilung des Stromes, das Bremsen und Rückwärtsgehen des Wagens kann von jeder der zwei Plattformen des Wagens geschehen.

Ein Ende der Motorbase ist auf der Wagenachse vermittelst zweier grosser Lager aufgehangen; das andere Ende wird durch ein an den Polschuh befestigtes Kniestück getragen, welch' letzteres an einer Feder hängt. Die Feder ihrerseits läuft in einer Coulisse, welche an den die Lager (boxes) verbindenden Seitenstangen aufgekeilt ist. Da hierdurch der Motor beweglich gemacht wird, kann der Wagen in Bewegung gesetzt, die Geschwindigkeit vergrössert, die Drehungsrichtung verkehrt werden, ohne dass der geringste Stoss gefühlt wird.

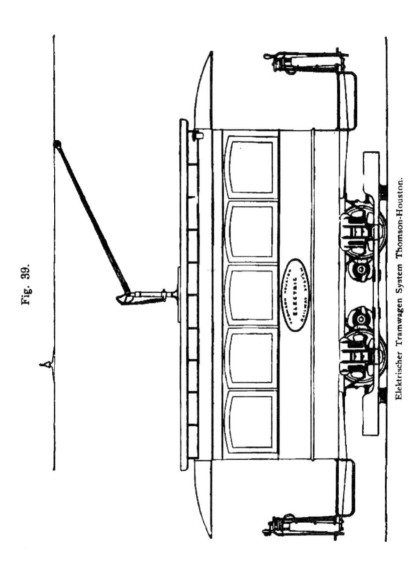

Fig. 39.

Elektrischer Tramwagen System Thomson-Houston.

Gewöhnlich sind an jedem Wagen zwei Motoren vorhanden. Blos bei leichten Wagen und geringen Steigungen wird ein einziger Motor verwendet.

Die Zahnräder sind alle geschmiedet, die Zähne sind nicht angegossen, sondern aus der Masse herausgeschnitten. Das Ankerrad besteht aus übereinander geschweissten Metallblechen verschiedenen Materials. Die mittlere Uebersetzungsachse ruht in zwei Lagern, um den Parallelismus der Achsen besser aufrecht zu erhalten.

Sprague beschreibt sein System folgendermaassen: Ein Ende des Motors ist nahe dem Mittelpunkte des Wagens durch doppelte Compressionsfedern getragen, welche an einem losen Bolzen hängen, der an der Querstange in dem Wagenboden befestigt ist. Die Motoren wiegen sich auf diese Weise oder sind an dem Wagenboden beweglich aufgehangen. Die Bewegung der Anker wird auf die Wagenachsen durch eine federnde Zahnradübersetzung, d. h. durch eine Combination von Federn und Zahnrädern übertragen. Jede Wagenachse hat ihren eigenen Motor, wodurch die Adhäsion vergrössert wird.

Dieser letztere Punkt hat seine grosse Wichtigkeit, besonders in Städten, wo die Pflasterung der Strassen keine vollkommene ist. Alle Curven sollen Leitschienen haben und sollen dort, wo der Kehricht die Schienennute leicht ausfüllen oder ganz überdecken kann, gepflastert oder sehr oft gereinigt werden.

Von dieser reinen Zahnradübersetzung kommt man zunächst zur gemischten Uebersetzung, in welcher die

Wagenachse durch eine Gall'sche Kette gedreht wird, während der Anker das Vorgelege mittelst Zahnrad angreift.

Ein ausserordentlich gemischtes Uebersetzungssystem ist jenes, welches in den Pariser elektrischen Tramways zur Anwendung kommt. Bei demselben überträgt der Anker seine Bewegung auf das erste Vorgelege mittelst Drahtseiles, das sich zunächst auf eine Spannrolle und erst dann auf die Vorlegerolle auflegt. Die Vorgelege-Achse überträgt ihre Bewegung auf die Wagenachse mittelst einer Gall'schen Kette. Das Zahnrad, welches die Gall'sche Kette empfängt, ist auf der Wagenachse lose angebracht; sein Radkranz ist mit zwei einander ganz entgegengesetzten Kegeln versehen, die in zwei Räder eingreifen, von welchen eines auf die Wagenachse fest aufgekeilt ist, während das andere lose angebracht ist. Auf diese Weise kann durch diese beiden Räder der Wagenachse eine variable Geschwindigkeit ertheilt werden. Wenn nun die Strecke eine gerade ist, werden die beiden Räder gleiche Umdrehungszahl machen. Die Kegel, welche sich auf dem von der Gall'schen Kette bethätigten Zahnrad befinden, sind nämlich auf ihrer Achse immobilisirt, indem sie die beiden Räder, in welche sie eingreifen, solidarisch machen und sich selbst um ihre Achse nicht drehen. Auf einer Curve hingegen wird eines der auf der Wagenachse angebrachten Räder weniger schnell laufen, es wird mit grösserer Energie auf das correspondirende Winkelrad wirken; die beiden Kegel werden anfangen sich zu drehen und werden also die Geschwindigkeit des Wagens beeinflussen.

Ein gemischtes System ist auch noch jenes, bei welchem die Gall'sche Kette durch Lederriemen ersetzt wird. Ein Tambour oder eine andere Vorrichtung ermöglicht es, der Wagenachse verschiedene Geschwindigkeiten mitzutheilen.

Wir kommen nun zu den Systemen, in welchen es weder Zahnräder noch Gall'sche Ketten giebt.

Paget bringt an den Wagenachsen lose Scheiben an, welche in Wirklichkeit ringförmige Elektromagnete sind. Diesen gegenüber befinden sich auf der Motorachse die Antriebsscheiben, welche ebenfalls Elektromagnete sind. Eine Accumulatorenbatterie erregt die Elektromagnete. Sobald der Motor in Gang gesetzt wird, beginnen sich die letzteren lose auf ihrer Achse zu drehen und wenn einmal die normale Geschwindigkeit des Motors erreicht ist, wird mittelst eines Umschalters der Strom in den Elektromagneten umgekehrt, welche sich gegenseitig anziehen und auf ihren Achsen fest werden. Von einem praktischen Erfolge dieses Systems ist nichts bekannt.

Am einfachsten ist das System, bei welchem die Wagenachsen direct vom Motor mittelst einfacher Nebenrollen und spiralförmigen Stahldrähten angetrieben werden. Man braucht hierzu blos einen Tambour auf der Motorachse aufzukeilen, der etwa 24 Einschnitte oder Naben hat. In diesen Naben laufen Stahldrähte, welche nicht gerade gestreckt sind, sondern spiralförmig um ihre Achse aufgewickelt sind, so dass sie eigentlich eine lange Feder bilden. Auf den Wagenachsen befinden sich ebenfalls Rollen mit je 12 Einschnitten, welche die vom Tambour kommenden Drähte

aufnehmen. Das ist also eine einfache Uebersetzung
ohne jedes Vorgelege, ohne jeden Mechanismus, welche
nur den einzigen, aber gewichtigen Nachtheil hat, dass
der Motor sehr langsam laufen muss und dass die
Drähte häufig reissen können.

Peckham hängt die Motoren oben auf. Dieselben
sind durch biegsame Stützen an den Querbarren des
›trucks‹ befestigt, wodurch es den Motoren ermöglicht
wird, sich an jede Drehung oder Positionsveränderung
anzuschmiegen und hierdurch die Stösse und Schüttel-
ungen zu vermeiden, welchen die Motoren ausgesetzt
wären, wenn sie fest am unteren Theil des ›trucks‹
befestigt wären. Natürlich muss der letztere solider
construirt werden als sonst. Derselbe ist mit elastischen
Rädern und mit Achsen aus faserigem Stahl (fibrous
steel) ausgestattet, um den Wagen elastisch und geräuschlos zu machen.

Die Grundlinien, nach welchen man heute in der
Praxis bei der Uebertragung der Motorbewegung auf
die Wagenachse vorgeht, sind folgende:

1. Die Motoren werden unterhalb des Wagen-
körpers angebracht und sollen aus dem Wagenboden
nicht hervorragen.

2. Es soll directe Zahnradübersetzung angewendet
werden.

3. Jeder Wagen soll zwei Motoren haben, welche
die Achsen unabhängig von einander antreiben, ausgenommen in solchen Fällen, wo die Steigungen auf
der Strecke geringe sind.

4. Die Motoren sollen auf besonderen ›trucks‹ auf-
montirt sein.

5. Die Motoren sollen vollständig unabhängig vom Wagenkörper sein.

Alle Theile, welche sich abnützen können, sollen aus solidem Material construirt sein. Sowohl die Lager, als auch die Zahnräder sollen den sie erwartenden grossen Anstrengungen guten Widerstand leisten. Dieselbe Bemerkung bezieht sich auch auf den Collector und die Bürsten des Motors. Es soll blos ein Collector und ein Bürstenpaar vorhanden sein, deren Lage eine unveränderte bleibt, ob der Wagen nun nach vor- oder nach rückwärts läuft. Die Schmiervorrichtungen sollen automatisch und sicher sein.

Berechnung des Kraftverbrauches für eine elektrische Strassenbahn.

Beispiel einer kleinen Tramway.

Die rollende Reibung der Räder auf der Bahn, sowie die Reibung der Achsen und Zahnräder des Motors betragen annähernd 7·5 Kilogramm pro Tonne Wagengewicht.

Die mittlere Geschwindigkeit, welche der Wagen zu durchmessen habe, sei 12 Kilometer in der Stunde oder 20 Meter in der Minute oder 0·33 Meter in der Secunde.

Das Gewicht eines Wagens sammt Motor sei 3000 Kilogramm.

Die Belastung des Wagens betrage 40 Passagiere à 75 Kilogramm = 3000 Kilogramm.

Das Totalgewicht ist daher 6000 Kilogramm.

Die Kraft, welche erfordert wird, um eine Last über eine schiefe Ebene hinaufzuziehen, verhält sich zur Last, wie die Höhe der schiefen Ebene zur Länge. Steigt die Bahn 1 auf 1000, so erfordert jede Tonne Last 1 Kilogramm Zugkraft.

Alles dies vorausgeschickt, finden wir nun die zur Bewegung eines Wagens von 6000 Kilogramm erforderliche Kraft auf verschiedenen Steigungen:

Steigungen	Reibungswiderstand für den ganzen Wagen	Pferdekräfte pro 1 Kilometer ungefähr
Horizontal	45 Kgm.	2
10 Mm.	105 »	$4^1/_2$
20 »	165 »	$7^1/_2$
30 »	225 »	10
40 »	285 »	$12^1/_2$
50 »	345 »	15

Ein Kilometer repräsentirt die Arbeit während 5 Minuten, da die Fahrgeschwindigkeit = 12 Kilometer in der Stunde ist.

Auf der Horizontalen ist die Arbeit während der Tour- und Retourfahrt gleich.

Auf den Steigungen ist die Arbeit gleich Null während der Retourfahrt.

Um die pro Wagenkilometer absorbirte Arbeit in Pferdestunden (Dampfpferdestunden) auszudrücken, muss man, da 12 Kilometer in der Stunde gemacht werden, die obigen gefundenen Pferdekräfte auf der Horizontalen durch 12, auf den Steigungen durch 24 auftheilen und wir finden also die absorbirte Arbeit in Dampfpferdestunden pro Wagenkilometer:

Steigungen	Absorbirte Arbeit	Absorbirte Arbeit Dampfpferdestunden pro Wagenkilometer
Horizontale	$2 \cdot 0\ HP$	0·166
10 Mm.	4·5 »	0·187
20 »	7·5 »	0·312
30 »	10·0 »	0·416
40 »	12·5 »	0·520
50 »	15·0 »	0·625

Wenn das Mittel der Steigungen 20 Procent betrüge für einen täglichen Gesammtverkehr von 1500 Wagenkilometern, so würde der tägliche Arbeitsverbrauch sein:

$$1500 \times 0 \cdot 312 = 468 \text{ Dampfpferdestunden.}$$

Grössere Tramway mit schnellerem Betriebe.*)

Länge der Linie 7500 Meter.

Niveaudifferenz zwischen den beiden Endstationen 70 Meter.

Gewicht eines leeren Wagens 5000 Kgr.

50 Passagiere à 75 Kgr. . . 3750 »
_____

       Totalgewicht . 8750 Kgr.

Oder in runder Zahl 9 Tonnen.

Geschwindigkeit 25 Kilometer in der Stunde.

Die mittlere Arbeit wäre demnach:

9000 Kgr à 7 Kgr. pro Tonne . 63 Kgr.

Mittlere Steigung . . . . . . 90 »
_____

       Zusammen . 153 Kgr.

---

*) Hierbei wird ein einziges Geleise, das direct von einem Orte zum andern geht, vorausgesetzt.

oder in runder Ziffer 160 Kgr. durchschnittliche Tractionsarbeit.

Diese Traction pro Kilometer verlangt 160.000 Kgm. in 150 Secunden, oder pro Secunde $\dfrac{160.000}{150} = 1066$ Kgm. oder beiläufig 14 Dampfpferdekräfte während einer ein Fünfundzwanzigstel-Stunde, d. h. 0.56 Dampfpferdekräfte pro Kilometerwagen. Wenn wir die Retourfahrt als leere Arbeit in Betracht ziehen, so kommt der Wagenkilometer auf 0.285 Dampfpferdekraft verbrauchte Arbeit zu stehen.

Die höchste Steigung auf der Strecke beträgt 0.4, das Maximum an zu entwickelnder Kraft wäre demnach:

9000 Kgr. à 7 Kgr. pro Tonne . 63 Kgr.

Steigung 0.04 . . . . 360 »

Zusammen . 423 Kgr.

oder in runder Ziffer 430 Kgr. Tractionsmaximum. Das giebt 430.000 Kgr. in 150 Secunden oder pro Secunde $\dfrac{430.000}{150} = 2866$ Kgr. oder 38 Pferdekräfte. D. h. die an dem Wagen angebrachten elektrischen Motoren müssten nahezu 40 Pferdekräfte entwickeln können. Nun kann man aber diese Steigung mit einer geringeren Geschwindigkeit, z. B. mit 12 Km. die Stunde befahren. In diesem Falle würden 20 Pferdekräfte genügen.

Berechnung der Widerstände.

Die beiden hier angeführten Fälle sind Beispiele einer summarischen Berechnung, welche nur darauf hinausgehen:

11*

1. die Capacität der an dem Wagen anzubringenden Motoren zu ermessen;

2. den täglichen Arbeitsverbrauch in Dampfpferdestunden kennen zu lernen, um die primären Motoren in der Centralstation darnach einzurichten.

Wir haben in dem Vorhergehenden die pro 1000 Kgr. nothwendige Zugkraft mit 7·5 und 7 Kgr. angenommen, ohne hierbei die Erschütterungen, welche durch das Rollen der Räder über die Schienen, noch den Luftwiderstand in Betracht zu ziehen.

Wir haben ferner den Widerstand ausser Acht gelassen, welchen der Motor selbst mit seinen Zahnradübersetzungen bietet, und welchen wir den individuellen Widerstand des Wagens nennen wollen.

Wir wollen ferner in Betracht ziehen, dass die Tramwaylinien manchmal in schlechtem Zustande sind, dass ferner infolge schlechten Wetters die Adhäsion der Räder auf die Schienen eine geringere und das Erforderniss an Zugkraft ein grösseres wird; kurz und gut, wir wollen den schlechtesten Fall annehmen und voraussetzen, dass die nothwendige Zugkraft 12 Kgr. pro 1000 Tonnen Gewicht betrage.

Zurückkehrend zu unserem ersten Beispiele, ein Wagengewicht von 6000 Kgr. und eine Geschwindigkeit von 4 Metern (anstatt 3·3 Metern) pro Secunde annehmend, hätten wir folgende Verhältnisse:

Steigung	Arbeit pro Secunde bei unveränderter Geschwindigkeit an der Tour- und Retourfahrt	Pferdekräfte ungefähr
Horizontale	288 Kgr.	4
10 Mm.	528 »	7

Steigung	Arbeit pro Secunde bei un- veränderter Geschwindigkeit an der Tour- und Retourfahrt	Pferdekräfte ungefähr
20 Mm.	768 Kgm.	10
30 »	1008 »	13·5
40 »	1248 »	16·5
50 »	1488 »	20

Es geht also hervor, dass im ungünstigsten Falle, einen Coëfficienten von 12 Kgr. und eine Steigung von 50 Mm. angenommen, der Wagen eine Arbeit von 20 Pferdekräften zu entwickeln fähig sein müsste. Da man aber Steigungen von 50 Mm. mit halber Geschwindigkeit befahren kann, braucht man blos 10 bis 15 Pferdekräfte anzunehmen, was auch in der Praxis am meisten vorkommt.

In den Coëfficienten 12 Kgr. ist auch einzurechnen der Widerstand des Wagens, wenn er in Gang gesetzt wird (Demarrage).

Der Coëfficient dieses Widerstandes ist 36 Kgr. pro Tonne Gewicht auf der Horizontalen. Ein Wagen von 6 Tonnen erfordert also einen Kraftaufwand von 216 Kgm. zur Ingangsetzung.

Nun müssen wir aber voraussetzen, dass der Wagen auf Steigungen angehalten und auf solchen wieder in Betrieb gesetzt werden muss.

Der hierzu nöthige Kraftaufwand wäre bei Inbetriebsetzung eines Wagens von 6 Tonnen auf einer Steigung von 10 Mm. 276 Kgm. oder ungefähr 4 HP

»	» 20	» 336 »	»	»	4·5 »
»	» 30	» 396 »	»	»	5·5 »
»	» 40	» 456 »	»	»	6 »
»	» 50	» 516 »	»	»	7 »

Die hier gefundene Arbeit muss zu den anderen Widerständen, als Wälzungswiderstand, Steigungen u.s.w. hinzugerechnet werden, und bildet also einen Theil des gesammten Widerstandes, für welchen der Coëfficient 12 gilt.

Geschwindigkeit.

Für eine Strassenbahn ausserhalb der Stadt kann man noch 30 Km. Geschwindigkeit pro Stunde annehmen. Bei grossen Steigungen aber sinkt diese Geschwindigkeit auf 12 bis 15 Km. herab.

In der Stadt selbst wird man sich von 12 bis 15 Km. auf der Horizontalen erlauben können.

Angenommen, es sei:

$$O = PVK$$

$O =$ die zu verrichtende Arbeit,

$V =$ Geschwindigkeit,

$K =$ Coëfficient (in unserem Falle 7 bis 12),

so könnten wir, um nicht beständig O zu variiren, und um einen constanten Stromverbrauch zu erreichen, lieber die Geschwindigkeit variiren.

Wenn wir PK und O als Constante erhalten und blos V variiren, finden wir für 6 Tonnen Wagengewicht folgende Verhältnisse.

Steigung	O Arbeit pro Secunde bei gleicher Geschwindigkeit in der Tour- u. Retourfahrt	Geschwindigkeit für Tour- und Retourfahrt, veränderlich je nach den Steigungen, wenn $O = 288$ bleibt:	
		pro Secunde	pro Stunde
Horizontale	288 Kgr.	4·0 Meter	14·4 Km.
10 Mm.	528 »	2·18 »	7·8 »
20 »	768 »	1·50 »	5·4 »

Steigung	O Arbeit pro Secunde bei gleicher Geschwindigkeit in der Tour- u. Retourfahrt	Geschwindigkeit für Tour- und Retourfahrt, veränderlich je nach den Steigungen, wenn $O = 288$ bleibt:	
		pro Secunde	pro Stunde
30 Mm.	1008 Kgm.	1·14 Meter	4·1 Km.
40 »	1248 »	0·92 »	3·3 »
50 »	1488 »	0·77 »	2·7 »

Wir brauchten daher, wenn es uns gestattet ist, den Kraftbedarf constant zu erhalten und blos die Geschwindigkeit je nach der Steigung zu verändern, einen Motor, der seine Umdrehungszahl in einem Verhältnisse von 1 : 7 verändern kann. Dies geht an, indem man mit der Geschwindigkeit auch die Potentialdifferenz veränderlich macht.

Einer dieser Fälle, wo dies ohne Stromverschwendung ausgeführt werden kann, ist der einer Accumulatorenbatterie. Man theilt dieselbe in vier Theile und kann, indem man die einzelnen Theile je nachdem auf Spannung oder auf Quantität schaltet, die Potentialdifferenz nach Belieben reguliren.

Auch kann man es dort, wo zwei Motoren auf einem Wagen vorhanden sind, so einrichten, dass dieselben abwechselnd auf Quantität oder Spannung geschaltet werden.

Es giebt Fälle, wo man die Geschwindigkeit der Motoren annähernd constant erhalten kann. Da auch die Potentialdifferenz des Stromes, der gewöhnlich von einer Centralstation kommt, gleich bleibt, wird die Intensität des Stromes in directer Proportion zur Belastung variiren. In diesem Falle würde man einen Compound-

K

0.

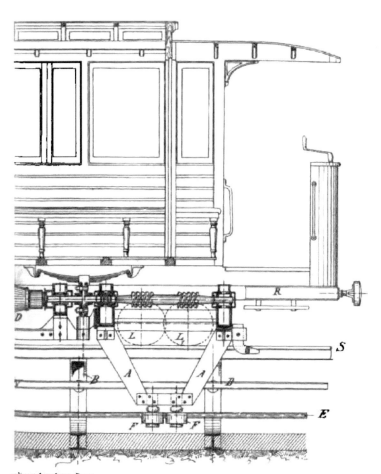

mit senkrechter Spur.

oder Shunt-Motor anwenden können, während in dem
vorhin beschriebenen Falle mit veränderlicher Geschwindigkeit bei den mit Accumulatoren betriebenen
Wagen Serienmotoren zur Anwendung kommen.

Der Betrieb einer Städtetramway aber bringt immer
grosse Variationen in der Geschwindigkeit und in der
Belastung mit sich. Es ist dies der Fall, wo von den
vier Grössen, $PCSL$ blos C, d. h. die Stromintensität,
gleich bleibt. Man wird daher einen Motor für constante Intensität, d. h. einen Serienmotor anwenden
und denselben durch Ein- oder Ausschaltung von
Magnetbewickelungen reguliren.

Strassenbahn mit senkrechter Spur.
System Zipernowsky.

Die bei den gewöhnlichen Strassenbahnen fast
allgemein angewendete Normalspur macht die Linien-
führung für Strassenbahnzwecke zu einer oft schwierigen
Arbeit und verhindert dieselbe in vielen Fällen, sich
den vorliegenden Verkehrsbedürfnissen anzuschmiegen.
Ueberdies ist die Legung eines Geleises mit normaler
Spur im Niveau der bestehenden Strassenzüge nicht
nur eine verhältnissmässig sehr theuere Arbeit, weil
dieselbe ein Um- und Neulegen des Strassenpflasters
in einer durchschnittlichen Breite von nahezu 3 Metern
in der ganzen Länge der Bahnlinie nothwendig macht,
sondern sie erhöht auch die Kosten des Betriebes,
weil sie die Erhaltung des Strassenpflasters auf einem
so breiten Strassenstreifen erheischt.

Fig. 41.

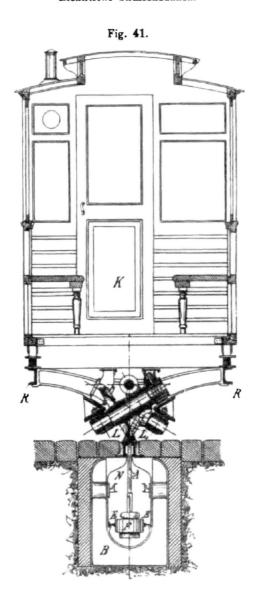

Als ein weiteres Gebrechen, welches den Strassenbahnen mit normaler, horizontaler Spur anhaftet, er-
wähnen wir einerseits den Mangel an Elasticität in der
Bewegung und andererseits das verhältnissmässig zu
grosse Raumerforderniss, wodurch es unmöglich wird,
mit solchen Bahnen Strassenzüge zu befahren, in welche
man mit verhältnissmässig geringen Radien einbiegen
müsste, oder aber welche zu schmal sind, um neben
dem gewöhnlichen Personenverkehre auch noch die
Communication mit Strassenbahnwaggons von den üblichen Dimensionen zu gestatten. Mit Rücksicht auf
diese beiden Umstände wird die Strassenbahn in vielen
Fällen genöthigt, manche wichtigere Verkehrsadern
unberührt zu lassen und den Terrainverhältnissen
Rechnung tragend, nur die breiteren Strassenzüge zu
befahren.

Man könnte, um einigen von diesen Nachtheilen
zu begegnen, schmalspurige Geleise verwenden, müsste
jedoch neue Schwierigkeiten mit in den Kauf nehmen.
So z. B. ist die Stabilität des Wagens eine geringere,
was sich besonders bei den unvermeidlichen einseitigen
Senkungen, denen eine jede Strassenbahn ausgesetzt
ist, unangenehm bemerkbar macht, da das Fahren ein
äusserst unruhiges wird.

Die hier auseinandergesetzten Nachtheile erscheinen
durch das von G a n z & Co. construirte System einer
Strassenbahn mit senkrechter Spur beseitigt, beziehungsweise auf das zulässig geringste Maass reducirt.

Das Princip dieser Bahn ist dadurch gekennzeichnet, dass die Räder, auf denen das Wagengewicht

Fig. 42.

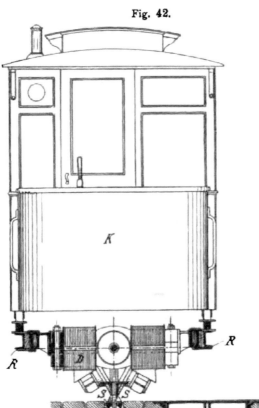

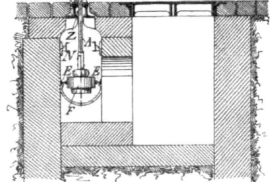

ruht, sämmtlich auf einer doppelten Schlitzschiene laufen, unter der sich ein gemauerter Canal befindet; in diesen Canal reichen starke, mit dem Wagen starr verbundene Arme hinein, die sich mittelst Führungsrollen gegen beiderseitig im Canal untergebrachte Schienen stützen und dadurch dem Wagen die erforderliche Stabilität verleihen. Man sieht, dass diese Stabilität eine zwangschlüssige ist, während die Stabilität der bisher verwendeten Wagen eine kraftschlüssige ist.

Eine Ausführungsweise dieses Principes zeigen die Figuren 40, 41 und 42 in drei verschiedenen Ansichten.

Der Wagenkasten K mit seinem Rahmen R ruht mittelst der Querträger T auf den Laufrädern LL', welche zweckmässigerweise nach unten convergirend schief gestellt sind, um auch den wagrechten Druck, der sich aus unsymmetrischen Belastungen und aus Pendelbewegungen des Wagens ergiebt, auf die Doppelschiene SS (Laufschiene) zu übertragen.

Vom Wagengestelle reichen starke Arme A durch den Schlitz Z in den Canal N hinunter; diese Arme, die mit dem Wagengestelle starr verbunden sind, tragen an ihrem unteren Ende mehrere Führungsräder oder Rollen F, die sich gegen die Seitenschienen EE' stützen und in dieser Weise den Wagen in der Senkrechten halten. Ist die Belastung z. B. auf der rechten Seite des Wagens grösser, so werden sich die linksseitigen Räder an die linksseitige Schiene legen und umgekehrt.

Sowohl das Hauptgeleise SS als das Führungsgeleise EE' ruht auf Böcken B, die in entsprechender

Fig. 43.

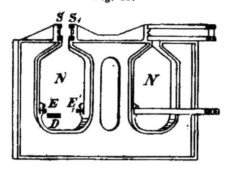

Fig. 44.

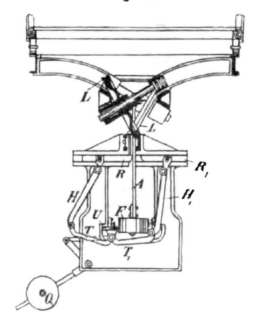

Entfernung von einander in die Erde versenkt sind. Zwischen diesen Böcken ist der Canal in geeigneter Weise hergestellt, z. B. aus Backsteinen mit Cementverputz aufgebaut.

Die hier beschriebene Bahn unterscheidet sich also auch schon in ihrer äusseren Construction sehr wesentlich von den bisher bekannten Bahnen mit horizontaler Spur, da sich bei der ersteren nur ein Schienenstrang, beziehungsweise eine Doppelschiene auf dem Niveau des Strassenkörpers befindet, während das zweite Schienengeleise sich unterhalb des Strassenkörpers, in dem beschriebenen Canal befindet. Die Ebene, welche diese beiden Geleise verbindet (die Spur), ist also eine senkrechte, weshalb auch diese Bahn »Strassenbahn mit senkrechter Spur« genannt wird.

Je nachdem die Bahn für Seil-, Ketten- oder elektrischen Antrieb eingerichtet werden soll, dient der beschriebene Canal zur Aufnahme der Seile, der Ketten oder der elektrischen Zuführungsleitungen. Es werden in entsprechenden Zwischenräumen Kehricht-Sammelkasten angebracht, welche in die öffentliche Canalisirung einmünden. Im Uebrigen können die Fahrzeuge, ohne dass das Wesen der Bahn- oder Wagen-Construction eine Aenderung erfahren müsste, je nach Belieben durch animalische Kraft oder durch andere Motoren bewegt werden.

Dass übrigens bei dem heutigen Stande der Verkehrsindustrie die Elektricität das geeigneteste Betriebsmittel für die Beförderung von Strassenbahnwagen bildet, ist unbestreitbar. Der elektrisch angetriebene Waggon gleitet geräuschlos, mit einer bei animalischem

Betrieb unerreichbaren Geschwindigkeit durch die belebtesten und verkehrsreichsten Strassen der Stadt, und die Steuerfähigkeit, welche sich bei elektrisch betriebenen Vehikeln erzielen lässt, macht die Betriebssicherheit dieses Systems zu einer so eminenten, wie sie durch keine andere Antriebsweise geboten werden kann. Wir glauben deshalb auch, dass die elektrische Strassenbahn eine sehr rasche Verbreitung finden und die

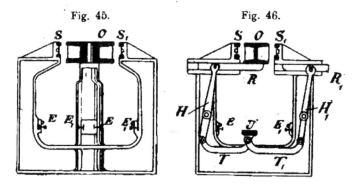

Fig. 45.   Fig. 46.

übrigen Tramwaysysteme mit der Zeit ganz verdrängen wird.

Wenn nun die Fahrzeuge durch Elektromotoren betrieben werden sollen, bietet der Canal, wie bereits früher erwähnt, einen sehr günstig gestalteten Raum zur Unterbringung der elektrischen Zuführungsleitungen, wobei der Schlitz, den die obere Doppelschiene bietet, dazu benützt wird, um die Contactvorrichtung in den Canal einzuführen.

Die Regulirung der Fahrgeschwindigkeit erfolgt bei dieser Bahn durch Ein-, respective Ausschalten von Widerständen; das Bremsen entweder mit Hilfe einer

Reibungsbremse oder aber in der Weise, dass der Motor-Anker durch einen geeigneten Widerstand kurzgeschlossen wird, oder endlich dadurch, dass der Magnetisirungsstrom des Elektromotors gewendet wird, in Folge dessen der Elektromotor in entgegengesetzter Richtung zu rotiren bestrebt ist und so den Wagen in verhältnissmässig sehr kurzer Zeit zum Stehen bringt.

Von grosser Wichtigkeit bei Strassenbahnen überhaupt, insbesondere aber bei solchen, die von nichtanimalischen Motoren, wie Dampf, Elektricität etc. getrieben werden, ist die Construction der Weichen. Trotzdem bei solchen Bahnen automatische Weichen in erster Reihe am Platze wären, so findet man doch ausschliesslich nur von Hand bewegte, deren Bedienung entweder von einem Weichenwärter oder von dem Conducteur besorgt wird. Die Ursache hievon liegt in der Schwierigkeit, um nicht zu sagen Unmöglichkeit der Ausführung, die in der bisher verwendeten Bahnconstruction selbst begründet ist. Diese liegt nämlich ganz im Niveau des Strassenpflasters, welches aus selbstverständlichen Verkehrsrücksichten durch gar keine Bewegungsmechanismen unterbrochen werden darf, abgesehen davon, dass diese selbst durch Staub und Schmutz in kürzester Zeit unbrauchbar würden.

Bei der hier beschriebenen Bahn ist die Ausführung einer automatischen Weiche mit viel weniger Schwierigkeiten verbunden, da alle beweglichen Bestandtheile sich unter dem Strassenniveau, in geschützter Lage befinden.

Das Princip dieser Weiche ist gekennzeichnet durch die gleichzeitige Verwendung einer oberen

Weichenzunge für die Laufschiene und einer unteren Weichenzunge für die Führungsschienen, wovon die obere sich wegen Belastung durch den Eisenbahnwagen oder wegen zufälliger Belastungen durch quer über die Weiche fahrende Wägen zweckmässigerweise auf Riegel stützt, die sich beim Verstellen der Weiche selbstthätig verschieben, während die untere Zunge auf Rollen oder Gleitflächen geführt wird.

Eine specielle Ausführungsweise dieses Principes zeigen die Figuren 43 bis 50; Fig. 48 ist der Grundriss der Weiche, Fig. 49 ein Längsschnitt, Fig. 43, 44, 45 und 46 Querschnitte an verschiedenen Stellen.

Die Oberzunge — eine Spitzzunge O und die Unterzunge — eine Flachzunge U, drehen sich beide um einen Zapfen Z, der in dem Bocke V gelagert ist. Die beiden Zungen sind durch eine Mitnehmevorrichtung M mit einander verbunden, welche jedoch einen gewissen Spielraum zwischen den Zungen gestattet, weil die Unterzunge einen grösseren Weg zurücklegen muss als die Oberzunge.

Während die Zunge O sich an die Laufschienen SS_1 seitlich anlegt, schiebt sich die Zunge U, da dieselbe als Flachzunge ausgeführt ist, unter die Führungsschienen EE_1; es ist nämlich in den meisten Fällen das Verhältniss zwischen dem Curvenradius und der Entfernung der Führungsschienen von einander ein solches, dass die Unterzunge U als Spitzzunge entweder gar nicht ausgeführt werden kann oder mindestens gegen die Spitze zu viel zu dünn wird. Die Rollen F sind genügend breit gehalten, um durch die Unterzunge noch gestützt zu werden.

12*

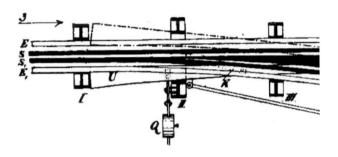

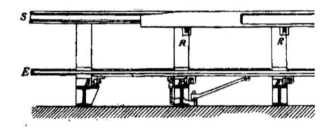

Die Flachzunge U ist in der Fig. 44 als auf Rollen B laufend dargestellt; die Spitzzunge O hingegen liegt auf Riegeln RR_1, welche von der Zunge U durch die Zugstangen TT_1 und die Hebel HH_1 (Fig. 44 und 46) der Bewegung der Zunge entsprechend, von rechts oder von links unter die Zunge O geschoben werden.

Das Stellen der Weiche erfolgt bei der in den Figuren dargestellten Construction selbstthätig durch

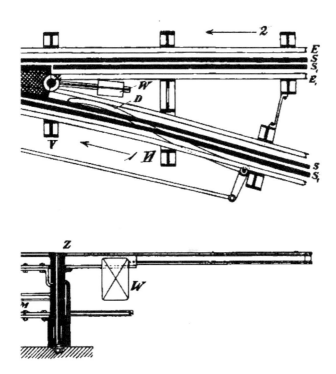

die Führungsrollen F' oder durch irgend einen anderen
in den Canal N hineinragenden Theil des Wagens,
welcher mit Hilfe des Stellhebels D, der Zugstange G
und des Hebels K die beiden Zungen in die strich-
punktirte Stellung nach rechts schiebt, wenn der
Wagen in der Richtung des Pfeiles 1 aus der Weiche
fährt. Hat der Wagen die Weiche passirt, so schiebt
das Gewicht Q (Fig. 44) oder aber eine geeignete Feder

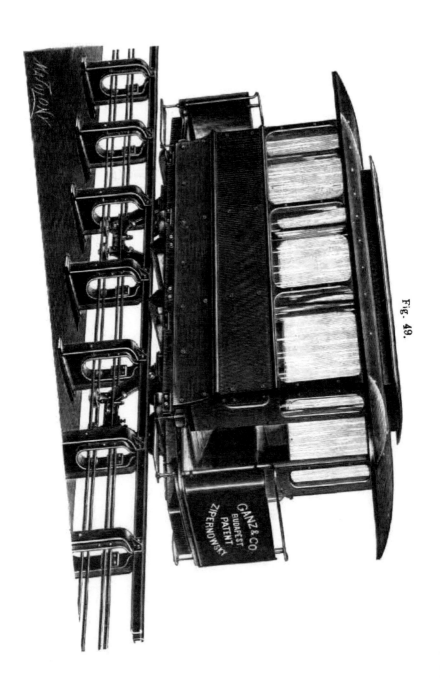

Fig. 49.

die beiden Zungen in die Anfangsstellung nach links, so dass ein aus *2* oder aus *3* kommender Wagen in der Geraden weiterfahren kann.

Ein besonderer Vortheil dieser Weichenconstruction liegt in der allmählichen, stosslosen Einstellung derselben, die sowohl durch die Form und die Länge des Stellhebels *D* erreicht ist, als auch durch den Umstand, dass der Angriffspunkt der Kraft einen Weg gleich beinahe der ganzen Canalbreite zurücklegen kann, was bei solchen Weichen, die durch das Gewicht des auf ein Pedal auflaufenden Wagens verstellt werden, nicht erreichbar ist.

Wir wollen nun noch die Hauptvorzüge der beschriebenen Bahn- und Wagenconstruction zusammenfassen; diese sind folgende:

1. Der Wagen läuft nicht auf zwei durch die normale Spurweite von einander getrennten Schienen, sondern nur auf einer einzigen Doppelschiene, daher auch die Strassenfläche nur in geringem Maasse in Anspruch genommen wird.

2. In Folge dessen wird das Strassenpflaster in hohem Grade geschont, denn bei der Versetzung dieser Construction wie auch bei der Instandhaltung derselben kommt höchstens 1 Meter Pflasterbreite in Frage.

3. Bei Anwendung von Elektromotoren kann zufolge der grösseren Tiefe des Canals eine bessere und sicherere Isolirung erzielt werden, als dies bei den bisher bekannten elektrischen Bahnconstructionen der Fall war.

4. Nachdem die oberen Tragschienen mit den unterirdischen Führungsschienen und Böcken in der

ganzen Länge des Bahnkörpers eine gitterartige Rohr-
leitung bilden, wird im Oberbau eine Stabilität und
Elasticität erzielt, mit welchen wenige der bisher bekannten Constructionen zu wetteifern vermögen.

5. Eine einseitige Senkung des Bahnkörpers ist
nicht möglich, wodurch eine der Hauptursachen des
unruhigen Fahrens beseitigt ist.

6. Nachdem die Stabilität dieser Construction nicht
von der Breitendimension des Wagengestelles bedingt
ist, so ist es möglich, schmälere Wagen anzuwenden,
wodurch es weiterhin möglich wird, diese Bahnconstruction ohne Verkehrsstörungen auch in den engsten
Gassen anzuwenden.

7. Die einfache Anbringung von automatischen
Weichen.

Es ist aus dem Gesagten und aus den hier vor-
geführten Zeichnungen leicht zu ersehen, dass eine
derart hergestellte elektrische Strassenbahn alle Eigen-
schaften besitzt, welche erforderlich sind, um ein Be-
förderungsmittel zu schaffen, welches den Anforderungen
des öffentlichen Verkehrs in einer grösseren Stadt nach
jeder Richtung entspricht und geeignet ist, auch den
Omnibusverkehr zum grössten Theile zu ersetzen.

Praktische Erfahrungen mit der elektrischen Strassenbahn.

Eines der besten Zeugnisse, welche dem elektrischen Motor für Strassenbahnen ausgestellt wurden,
ist jenes, welches das elektrische Comité der ›American

Street Railway Association‹ in der letzten Sitzung dieser Association (16. October 1889) ausgestellt hat.

Der Rapport dieses Comités constatirt vor Allem, dass die Anwendung des elektrischen Motors für Strassenbahnen als ein Erfolg zu bezeichnen ist, und wendet sich der Frage zu: ›Was sind die Bedingungen eines finanziellen Erfolges der Anwendung von Elektricität als Triebkraft?‹

Wir haben, so sagt das Comité, drei Betriebsmethoden, nämlich: oberirdisches, unterirdisches und Accumulatorensystem.

Was das oberirdische System anlangt, so erfüllt es Alles, was man von ihm verlangen kann, und für ausserhalb der Stadt liegende Linien und in kleinen Städten kann es durch nichts Anderes ersetzt werden. Das unterirdische System hat in den Augen der Praktiker wenig Gnade gefunden wegen der ungenügenden Erfolge, welche es bei seinem Betriebe erzielt hat, während die Accumulatoren langsam, aber sicher ihren Weg machen und stetig verbessert werden.

Das oberirdische System ist das billigste von allen; es wird allseitig angewendet und hat solche Erfolge erzielt, welche ihm unbedingt einen ersten Rang unter den billigsten Betriebsmitteln anweisen. Jedermann, der dieses System arbeiten gesehen und dasselbe erprobt hat, wird dieses Urtheil bestätigen müssen. In grossen Städten werden natürlich gegen die oberirdischen Drähte Einwendungen gemacht, welche uns naturgemäss den Accumulatoren zuwenden, und trotzdem wird auch in grossen Städten dem ober-

12 b

irdischen System trotz aller Hindernisse der Vorzug gegeben.

Wir können, sagt das Comité ferner, keinen Kosten-voranschlag für die Construction einer elektrischen Strassenbahn geben, weil dies nicht in unser Ressort gehört, doch können die Kosten mit siebzig bis fünf-undsiebzig Tausend Dollars pro Meile veranschlagt werden, wenn die Centralstationskosten hinzugerechnet werden. Das Comité vergleicht die Herstellungskosten der verschiedenen Systeme folgendermaassen:

Betrieb mittelst Zugseil-Construction   700.000 Dollars
Betriebskraftstation. . . . . . .   125.000   »
Kosten der Wagen   . . . . . .   15.000   »
                    Summa .   840.000 Dollars

Elektrischer Betrieb mit oberirdischen Leitern:
Bahnkörper   . . . .   70.000 Dollars
Drähte . . . .   30.000   »
Wagen . . . .   60.000   »
Betriebskraftstation . . . .   30.000   »
                    Summa .   190.000 Dollars

Accumulatorenbetrieb:
Bahnkörper   . . . .   70.000 Dollars
Wagen . . . .   75.000   »
Betriebskraftstation . . . .   30.000   »
                    Summa .   175.000 Dollars

In den vorliegenden Fällen elektrischer Con-struction ist der Motor fähig, auch zwei oder mehrere Wagen fortzubewegen.

Fig.

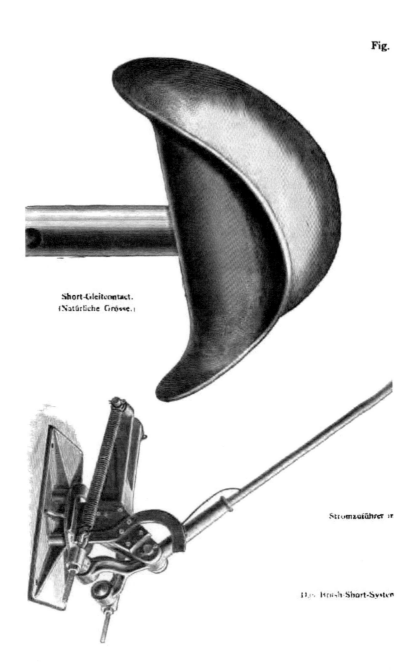

Short-Gleitcontact.
(Natürliche Grösse.)

Stromzuführer ir

Das Brush-Short-System

196

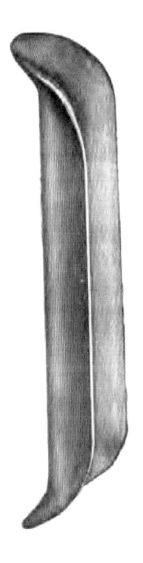

Abnützungsstück für den Gleitcontact, hergestellt aus weichem Metall.

Um die besten Betriebsresultate zu erzielen, würde
es am sichersten sein, falls es sich um eine alte Bahn
handelt, den Bahnkörper neu zu bauen und ein per-
fectes Geleise zu legen, welches die Abnützungskosten
der Wagen verringert und auch den elektrischen Motor
vor Beschädigung bewahrt. Diese Erneuerung würde
auch eine Vermehrung der Betriebsgeschwindigkeit ermöglichen.

Es ist anzurathen, dass die Motoren nach jeder
Fahrt untersucht werden, damit Alles stets in guter
Ordnung sei. Die Wagenführer sollen sorgsame Leute
sein; ein ungewissenhafter Mann kann den Motor in
kurzer Zeit zugrunde richten, wenn er die einzuschaltenden Widerstände nicht vorschriftsmässig hand-
habt. Besonders bei der Ingangsetzung des Motors
ist Vorsicht nöthig, um nicht unnützerweise Collector
und Bürsten zu verbrennen.

Die bereits bestehenden Wagen können ganz gut
für elektrischen Betrieb adaptirt werden; neue Wagen
aber sollen speciell für ihren Zweck construirt werden
und soll der Wagenkörper vom Motor unabhängig
sein. Für kleinere Wagen sollen zwei Motoren von
beiläufig fünfzehn Pferdekraft, für grosse Wagen eben-
soviel Motoren von zwanzig Pferdekraft angewendet
werden. Mit der Capacität der Motoren soll nie ge-
kargt werden. Wenn je eine elektrische Strassenbahn
ungenügende Resultate ergeben hat, so ist zumeist der
Fehler in ungenügender motorischer Kraft zu suchen.
Mit oberirdischen Leitern und mit starken Motoren
können Steigungen von 10 Procent und mehr ganz

leicht genommen werden; mit Accumulatoren kann man über 6 Procent Steigung nicht hinausgehen.

Die Frage, wie die Linie während des Winters betrieben werden soll, ist ebenfalls eine ernste, aber es steht ausser Zweifel, dass wenn die Schienen rein gehalten werden, Störungen ganz vermieden werden können.

Die Betriebskosten pro Meile sollten unter keinen Umständen mehr als 10 Cents betragen, in welche Zahl die Löhne der Wagenwärter und Conducteure mit einbegriffen sind. Es kann natürlich Ausnahmen geben, wir aber sprechen hier blos von normalen Zuständen.

Die folgenden Zahlen zeigen die Bruttoeinnahmen und die Betriebsausgaben für mehrere elektrische Strassenbahnen.

I.
Für einen Monat:

Bruttobetriebseinnahmen . 3821·95 Dollars
Totalbetriebskosten . . . 1856·67 »
Reingewinn . 1965·28 Dollars

In den Totalbetriebskosten sind mit einbegriffen 480 Dollars Amortisationskosten. Zurückgelegte Meilen pro Monat: 19.181. Durchschnitt der betriebenen Wagen: 8. Durchschnittsbetriebskosten pro Meile und pro Tag: 9·67 Cents; hiervon abgezogen die Amortisationskosten, macht 7·12 Cents pro Meile, was gewiss ein zufriedenstellendes Resultat giebt.

II.
Für einen Monat:

Einnahmen . . . . . . 8796·40 Dollars
Ausgaben . . . . . . 2164·— »
Reingewinn . 6632·— Dollars

Durchschnittlich täglich 5·93 Wagen im Betriebe. Dies ergiebt Betriebskosten pro Meile 10·86 Cents.

III.

Für einen Monat:

Einnahmen. . . . . . . 10.605·— Dollars
Ausgaben . . . . 3.735·—   »

Reingewinn . 6·870·— Dollars

Im Ganzen 46.647 zurückgelegte Meilen; macht durchschnittlich pro Meile 8·01 Cents.

IV.

Für 75 Tage:

Einnahmen . . . . 6182·15 Dollars
Ausgaben . . . . . . 2843·54   »

Reingewinn . 3446·42 Dollars

V.

Für 80 Tage:

Einnahmen . . . . . . 5500·80 Dollars
Ausgaben . . . . . . 2441·27   »

Reingewinn . 3059·53 Dollars

VI.

Für einen Monat:

Einnahmen . . . . . . 4317·46 Dollars
Ausgaben. . . . . . . 871·04   »

Reingewinn . 3446·42 Dollars

Durchschnitt 14 Cents pro Meile.

Die Meilendurchschnittszahl, welche ein elektrischer Wagen unter günstigen Umständen machen soll, soll zumindest 120 Meilen in 18 Stunden betragen, was 50 Procent mehr beträgt, als was wir von Pferden erreichen können.

Fortschritte im Bahnbau.

Wie uns G. W. Mansfield berichtet, befördern in New-York die Pferde-Tramways jährlich 199,491.735 Passagiere. Wenn hierzu die durch die »elevated railroad« beförderten Passagiere gerechnet werden, haben wir die Zahl 371,021.524.

Um diese Menschenzahl durch elektrische Bahnen zu befördern, müsste in New-York eine Station von 13.800 Pferdekraft Capacität errichtet werden. In Boston ist Aehnliches bereits im Werk, da dortselbst eine Centralstation von 800 Pferdekraft errichtet wird.

Die folgende Tabelle zeigt, welch' riesige Fortschritte die elektrischen Trambahnen in Amerika machen.

| Anzahl der | 1885 | 1886 | 1887 | 1888 | 1. Jänner bis 1. Juli 1889 | | | Total |
					in Betrieb	im Bau begriffen	Total	
Elektr.Strassenbahnen	3	5	7	33	9	42	61	109
Meilen pro Bahn	7·5	28	29	130·5	113	267	380	575
Wagen	13	39	81	265	174	364	538	936

. Ein Theil der Cambridge-Section der Bostoner Westend Street Railway Company wurde am 16. Februar 1889 in Betrieb gesetzt. Bis zum 1. Juli desselben Jahres wurden 165.781 Meilen und 25.505 Rundfahrten gemacht mit einem Verluste von blos 325 Meilen oder 0·19 eines Procentes. Während dieser

Fodor, Elektr. Motoren. 13a

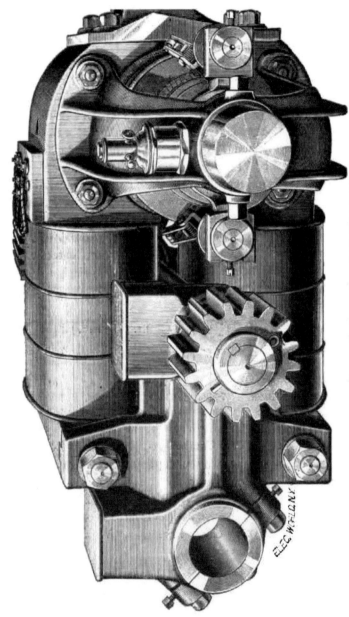

Fig. 64. Ein Sprague-Motor-Truck. Seiten-Ansicht.

ELEC.W.FILONY

Fig. 56. Ein completer Short-

Zeit wurden 1,500.000 Passagiere befördert. Dies ist ein schönes Resultat, wenn man erwägt, dass die ganze Zeit hindurch blos ein Wagen und blos kurze Zeit zwei Wagen im Betriebe waren.

Stromverbrauch.

Der Stromverbrauch pro Wagen in Boston war 8·8 Ampères und 5·9 elektrische Pferdekraft. Die

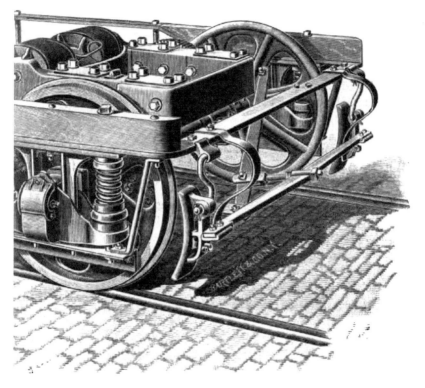

Seriensystem-Motor-Truck.

Durchschnittszahl der Passagiere pro Rundfahrt betrug 58.

Die Variationen im Stromverbrauch sind enorm. Beim Anlassen des Wagens sowie bei grossen Steigungen können Variationen von 0 bis 90 Ampères vorkommen. Mit der wechselnden Ampèrezahl variirt natürlich auch die Voltzahl, jedoch in geringerem

Maasse. Bei einem Motor von 500 Volts können Schwankungen von 400 bis 500 vorkommen.

Die folgenden Curven zeigen die Variationen im
Stromverbrauch auf einer amerikanischen Strassenbahn.
Fig. 57 zeigt die Variationen in einem gewissen Zeitraume, Fig. 58 die Variationen in elektrischer Pferdekraft
und Nutzeffect.

Steigungen.

Bei der Vergleichung des elektrischen Betriebes
mit jenem durch Pferde ist die Frage der Steigungen
des Geleises eine der wichtigsten. Wie Dr. Louis
Bell in einem Vortrage ganz richtig bemerkt, ist in
dieser Beziehung das Pferdesystem dem elektrischen
voraus. Die elektrische Bahn hängt bei der Nehmung
von Steigungen ganz von der Adhäsion ab und unter
einem gewissen Punkte fehlt die Adhäsion. In einem
elektrischen Wagen bleibt das ganze Gewicht des
Wagens auf den Rädern und folgerichtig sollte die
mögliche Steigung pro Cent numerisch gleich sein
dem Adhäsions-Coëfficienten. Gewöhnlich werden in
der Praxis 20 Procent als Maximum einer Steigung
angegeben, doch liegt die wirkliche Grenze noch unterhalb dieses Procentsatzes. Dr. Bell glaubt, dass bei
besonders strenger Reinhaltung des Geleises Steigungen
von 500 Fuss pro Meile ganz gut genommen werden
können. Ueber 10 Procent Steigung hinaus ist der er-
zielte Effect prekär, besonders bei schlechtem Wetter.
Grössere Steigungen sollen nur genommen werden,
wenn sie nicht zu lang sind und die anderen Umstände günstig sind. Curven auf Steigungen sind für
elektrische Bahnen ziemlich ungünstig und soll bei

solchen die Fahrgeschwindigkeit vermindert und das
Geleise mit Leitschienen versehen werden.

Fig. 57.

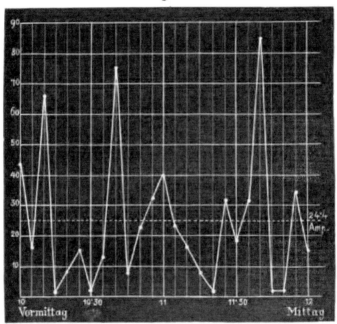

Fig. 58.

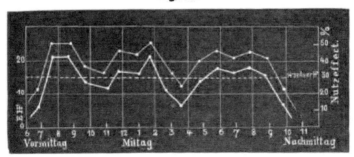

Betriebsstörungen.

Die Möglichkeiten einer Betriebsstörung sind beim
elektrischen System viel häufiger als beim Pferdesystem, besonders dann, wenn der elektrische Wagen
keine Betriebseinheit ist (Accumulatorensystem), sondern
von einem gemeinsamen Leitungsnetz abhängt. Störungen, welche das ganze System ausser Betrieb stellen,
können nur dann vorkommen, wenn auf den Linien
ein grosser »kurzer Schluss« sich einstellt; das ist
aber äusserst selten. Häufiger können kleinere Störungen werden.

Die Bürsten am Commutator können sich abnützen oder gar herabfallen, Gleitcontacte können vom
Leitungskabel abspringen, Zahnräder können brechen,
Anker und Feldmagnete können verbrennen. Aber
alle diese Möglichkeiten können vermieden werden,
wenn die Wagen und die Linie einer häufigen und
gewissenhaften Inspection unterzogen werden.

Geschwindigkeits-Veränderung.

Die Möglichkeit, die Geschwindigkeit in ausge-
dehntem Maasse zu variiren, ist eine der hauptsäch-
lichsten Vorzüge des elektrischen Systems. Die Geschwindigkeit kann von 4 bis 15 Meilen je nach Belieben verändert werden. Auch kann der Motor sofort
angehalten werden, was besonders in bevölkerten
Strassen von grossem Vorzuge ist. Ein einziger Uebelstand ist, dass die meisten elektrischen Bahnen Zahnrad-Uebersetzung für den Motor haben und demzufolge
viel Geräusch machen.

Nutzeffect.

Dr. Bell hat auf einer amerikanischen Strassenbahn Versuche gemacht, welche darthun, dass der
Durchschnitts-Kraftverbrauch pro Wagen 2·5 elektrische Pferdekraft beträgt. Der Nutzeffect der Con-
version der bei der Stations-Dampfmaschine indicirten
Pferdekräfte in elektrische Pferdekräfte ist nicht mehr
als 40·7 Procent während des Tages, obwohl er einmal einen Maximalsatz von 65 Procent erreichte.
Die verbrauchte Kohle betrug pro indicirter Pferdekraft 7·3 Pfund und 16 Pfund pro elektrischer Pferdekraftstunde.

Dr. Bell hat auch dargethan, dass die constatirten
Verluste einen Durchschnitts-Nutzeffect von 90—95 Procent der Dynamo ergeben. Die Motoren haben einen
Nutzeffect von 70 Procent auf der Horizontalen und über
70 Procent auf Steigungen.

Es drängt sich nun die Frage auf, von woher
dieser enorme Kohlenverbrauch komme, trotzdem die
Dynamo und die Motoren einen so hohen Nutzeffect
haben. Der Grund hierfür wird uns klar, wenn dargethan wird, dass die Hauptursache des geringen Nutzeffectes der Kraftübertragung nicht in den elektrischen
Apparaten zu suchen, sondern

1. in einem Umstand, welcher jedem Bahnsystem
eigen ist, nämlich die Variationen in der Belastung,
und

2. in der Natur der Dampfmaschinen.

Wie die von Dr. Bell gezeigten Curven darthun,
sind die Schwankungen in der verbrauchten Kraft

13b

enorm und sehr häufig, und es müssen daher die bei einer unveränderlichen Belastung ökonomischen Dampfmaschinen unter diesen Umständen sehr unrationell werden.

Um einen höheren Nutzeffect zu erreichen, muss man die Lösung des Problems nicht in der Erhöhung des elektrischen Nutzeffectes suchen, sondern in der Adaption einer besonders für diesen Zweck construirten zweckmässigen Dampfmaschine und Kessel. Grosse Schwungräder an den Maschinen, höchst variable Expansion, ausgezeichnete Regulatoren, welche den Dampfeintritt schon unter halbem Hube abstellen u. s. w., sind die in Vorschlag gebrachten Lösungen.

Reparaturen.

Oberirdische Systeme geben wenig Grund zu Reparaturen. Die Gleitcontacte nützen sich constant ab und müssen häufig ausgewechselt werden. Die Bürsten müssen an manchen Bahnen beinahe wöchentlich ausgewechselt werden, die Commutatoren der Anker dauern meistens nur einige Monate. Von einer Abnützung der Leiter, auf welcher die Gleitcontacte schleifen, ist nichts zu berichten.

Verschiedene Anwendungen der Motoren.

Bergwerke.

Pumpen. Eine Installation in Normanton hat 120 Gallonen Wasser auf 900 Fuss verticale Höhe zu heben. Der Dampfmotor hat 80 Pferdekraft und be-

thätigt einen elektrischen Generator von 600 Volts und
70 Ampères. Die Pumpen machen 25 Umdrehungen in
der Minute, der elektrische Motor 450, ebenso wie die
Generator-Dynamo. Die Verluste sind folgendermaassen
berechnet:

Reibung des Dampfmotors . .	6·9 HP =	9·4 Procent	
» am Riemen und Dy-			
namo	4·8 » =	6·5	»
Verlust im Motor	6·7 » =	9·4	»
Riemen des Motors, Pumpen etc.	10·2 » = 14·0		»
Gewicht von 117 Gallonen auf			
890 Fuss Höhe	31·5 » = 43·1		»
Reibung des Wassers in den			
Pumpen und Rohren . . .	12·9 » = 17·6		»
	73·0 HP	100·0 Procent	

Eine neuere Einrichtung hat folgende Verhältnisse:
Dampfmaschine 50, elektrischer Generator 480 Um-
drehungen in der Minute, 690 Volts und 59 Ampères.
Der elektrische Motor 450, die Pumpen 34 Umdrehun-
gen in der Minute. Wasser etwa 125 Gallonen pro
Minute.

    Weichenstellung auf Eisenbahnen.

    Zwischen den beiden Platten der Weiche wird ein
elektrischer Motor eingeschaltet, dessen Umdrehungen
auf eine Schraube übertragen werden, welche die trans-
versale Bewegung der Platten oder Zungen bewirkt.
Am Ende des Laufes angelangt, presst ein Klotz die
Platte fest gegen die Schiene und gegen einen Con-
trolapparat, welcher nur dann functionirt, wenn die
Platte gut an der Schiene anliegt. Dieser Apparat
löst dann in letzterem Falle jene anderen Apparate

                                   13*

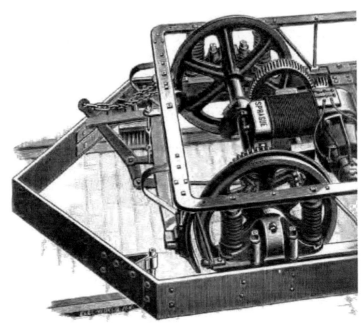

Fig. 59. Ein completer

aus, welche nur dann bethätigt zu werden haben, wenn
die Weiche keine Oeffnung oder Spalte darbietet. Es
kann daher z. B. das Haltesignal, welches der Weichenstellung vorausgeht, nicht ausgelöst werden, bevor die
Bahnwärter nicht vollständig sicher sind, dass die
Weichenstellung keine Entgleisung hervorrufen werde
und dass die Platte fest an die Schiene anliegt.

Der Motor, welcher das Hin- und Hergehen der
Platten bewirkt, kann mittelst Commutator nach vor-
oder rückwärts drehbar gemacht werden; er ist $2^{1}/_{2}$

Sprague-Motor-Truck.

Pferdekraft stark, hat 25 Ampères und 60 Volts und
erhält seinen Strom von Accumulatoren. Der Apparat
ist auf der französischen Nordbahn in Thätigkeit.

Aëronautische Zwecke.

Ein Motor, construirt von Trouvé, wiegt 90 Gramm
und kann 0·026 Pferdekraft entwickeln. Mit Ausnahme
der Magnete sind alle Theile aus Aluminium. Ein
ähnlicher Motor würde für eine Pferdekraft 3·5 Kilo
wiegen.

Lustschifffahrt.

Der Launch »Elektron« macht zwölf Meilen in der Stunde. Er ist 36 Fuss lang und aus Eisenblech. Die Schiffsschraube hat einen Durchmesser von 18 Zoll und eine Maximalgeschwindigkeit von 1000 Umdrehun-

Fig. 60.

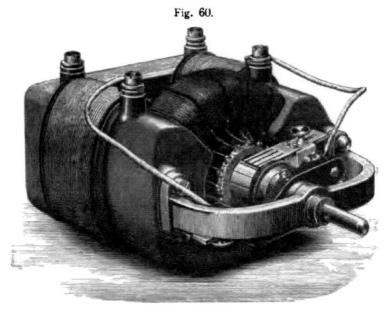

Der Kummer-Motor.

gen in der Minute. Der Motor ist direct an den Schraubenschaft angekuppelt. Er ist ein Serienmotor und wiegt 500 Pfund. Die Spannung ist 200 Volts bei 70 Ampères Intensität. Der Motor wird von Accumulatoren betrieben. Es giebt 200 Zellen, von welchen eine jede aus 23 Platten besteht und 40 Pfund wiegt.

Der Launch »Delta« hat 33 Fuss Länge und birgt 44 Accumulatoren, Alles in Allem 2520 Pfund wiegend. Der Motor, welcher direct an den Propeller angekuppelt ist, macht bei voller Geschwindigkeit 720, bei halber 510 Umdrehungen, was bei voller Geschwindigkeit 5—6 Meilen pro Stunde gleichkommt. Der Motor hat 80 Volts Spannung; die Durchschnitts-Stromintensität ist 23 Ampères. Von 100 ausgegebenen Watts wurden beiläufig 60 nutzbar gemacht; der Rest geht in der Maschinerie und in dem Motor verloren.

Schiffsmanöver.

Der elektrische Motor ist berufen, die Servomotoren auf grossen Schiffen gänzlich zu ersetzen. Die wichtigste ihm zufallende Aufgabe ist die Steuerung, welche von der Commandobrücke aus controlirt werden kann. Eine weitere Verwendung findet er auf Kriegsschiffen zum Drehen der Panzerthürme, zum Manövriren und Zielrichten der Geschütze. Der elektrische Motor macht es ferner möglich, die Drehungsrichtung der mächtigen Schiffsmaschinen sofort umzukehren.

Submarine Boote.

Capitän Krebs der französischen Armee hat für das submarine Boot »Le Gymnote« einen Motor construirt, der 16 Magnetpole, einen Ringanker und vier Bürsten hat. Er macht 2000 Umdrehungen in der Minute und bethätigt die Schiffsschraube ohne Vorgelege. Er entwickelt 60 Pferdekräfte bei 220 Ampères und 222 Volts. Der Strom ist geliefert von einer Kupfer-Eisen-

Accumulatorenbatterie Commellin, Bailhache und Desmazures.

Ventilatoren.

Bei Schrauben-Ventilatoren wird der Motor gewöhnlich direct an der Achse angebracht. Flügel-Ventilatoren wurden lange genug blos durch Uebersetzungen mittelst Riemen oder Schnüren angetrieben. In neuerer Zeit werden dieselben auch direct durch Motoren mit verticaler Achse bethätigt (Siehe Fig. 61.)

Bohrmaschinen.

Die Sperry-Company fertigt Bohrmaschinen für Kohlenbergwerke an. Dieselben haben $2\,HP$ und einfaches Magnetpaar. Die Bürsten sind aus Kohle hergestellt.

Rollende Krahne.

Der grosse rollende Krahn in der letzten Pariser Weltausstellung war durch einen Motor Miot bethätigt. Derselbe ist ein Serienmotor, erhielt jedoch seinen Strom von einer Shunt-Dynamo. Das Magnetfeld hatte eine ziemlich curiose Form und erforderte drei Bürsten auf dem Collector, von welchen zwei parallel geschaltet waren.

Gewöhnliche Pumpen.

Die Hall Electric Pump Company in Plainfield N. T. Amerika fabricirt Pumpen, bei welchen der Motor direct auf die Pumpenachse aufgeschaltet ist. Die Pumpe ist in Verbindung mit einem Schwimmer welcher den Stromkreis des Motors öffnet, sobald das

Reservoir gefüllt ist, und denselben wieder schliesst
sobald das Niveau unter ein gewisses Maass herab-
sinkt.

Fig. 61.

Fig. 62.

Der Diehl-Motor.

Kraftübertragung auf lange Distanzen mit Compound-Generatoren.

MW. Serrell hat eine Curve zur Berechnung der Leiter angegeben. Die Abscissen stellen die EMF von 110 bis 1500 Volts dar; die Ordinaten sind die correspondirenden Constanten, welche, wenn sie mit der Hauptdistanz (oder Hälfte des Hin- und Rückstromkreises) und mit der zu übertragenden Ampèrezahl multiplicirt und durch den Verlust in Procenten dividirt werden, die Section der Leiter ergeben.

Als Beispiel wird gegeben: Man wünscht zu wissen die Totalkosten der Dynamos, Motoren und Kupferleiter um 100 HP auf eine Distanz von 5000 Fuss mit einer Spannung von 1000 Volts an den Klemmen des Motors zu übertragen.

Angenommen, wir verlieren 20 Procent in den Leitern, muss die Spannung an den Klemmen der Dynamo 1250 Volts bei voller Belastung betragen. Angenommen den Nutzeffect der Motoren mit 90 Procent, müssen dieselben 111 HP oder 82.800 Watts zugeführt erhalten, was bei 1000 Volts 82·8 Ampères gibt.

Mit Zuhilfenahme der Curve Fig. 63 finden wir dass die Constante für 1250 Volts 1·83 ist und der Querschnitt S ist gleich

$$S = \frac{82 \cdot 8 \times 5000 \times 1 \cdot 83}{\cdot \ 20} = 37.875 \text{ Circular Mils.}$$

Multiplicirend 37.875 mit 10,000 (Länge der Hin- und Rückleitung) und ferner mit 0·0000006044 gibt den

Preis des Kupfers mit 20 Cents pro Pfund, gleich 228·92 Dollars.

Fig. 63.

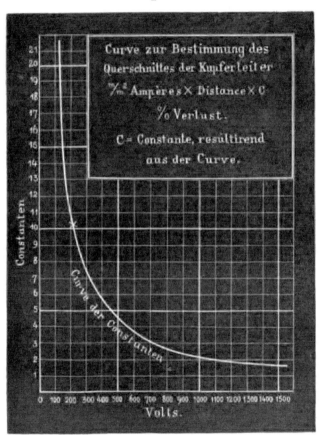

Um eine constante MF an den Motorklemmen zu erhalten, soll die Dynamo compoundirt sein für

14*

den Widerstand der Leitung, für die Magnetbewicklung und für den Anker. Angenommen, der Widerstand des Ankers und der Serien-Ankerbewicklung zusammen sei ein Ohm, wird der Verlust an den Klemmen der Dynamo zufolge des inneren Widerstandes 82·8 Volts sein. Um nun das Potential an den Dynamoklemmen constant zu erhalten, haben wir das Verhältniss der Ampère-Touren der Serien-Magnetbewicklung so zu gestalten, dass die Intensitätszunahme des magnetischen Feldes eine solche sei, damit im Anker 1082·8 Volts entwickelt werden, wenn derselbe 82·8 Ampères bei constanter Geschwindigkeit abgibt. Die Linie AB in Fig. 64 wird die Voltzahl an den Dynamoklemmen unter verschiedener Belastung darstellen, wenn die Serienbewicklung gar keinen Effect hätte, während die Linie AE die Voltzahl darstellt, welche wir im Anker erreichen, wenn die Serienbewicklung so gestaltet ist, dass dadurch eine constante EMF an den Dynamoklemmen (wie in Linie AD gezeigt) erhalten bleibt.

Die Shuntbewicklung soll eine solche Capacität haben, dass der Anker 1000 Volts bei geöffnetem Stromkreis entwickelt, während die Serienbewicklung eine Voltzunahme bewirken soll, welche durch Ordinaten, eingeschlossen zwischen die Linien AE und AD, im Verhältniss zu ihrer respectiven Ampère-Belastung, dargestellt wird.

Wenn die Dynamo so compoundirt ist, dass eine constante EMF von 1000 Volts an den Motorklemmen erhalten wird, muss sie für den Widerstand des äusseren und inneren Stromkreises übercompoundirt werden und die Ordinaten zwischen den Linien AC und AD re-

präsentiren die nothwendige Compoundirung für den
Verlust im äusseren Stromkreis. Nachdem die Ordinaten zwischen AE und AD die für den Verlust im
inneren Stromkreise nothwendige Compoundirung bedeuten, wird die für Erhaltung einer constanten EMF

Fig. 64.

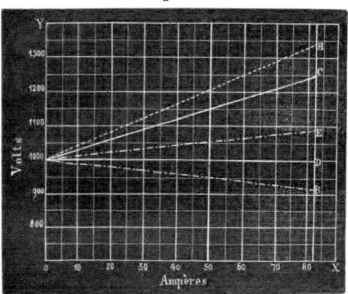

an den Motorklemmen nothwendige Total-Compoun-
dirung gleich der Summe von beiden sein. Die Ordinaten des Dreiecks ADE mit den respectiven Ordinaten des Dreiecks ADC addirend, erhalten wir die
Linie AH, welche die Total-Voltzahl im Anker unter
verschiedener Belastung darstellt.

Wenn bei 1250 Ampèretouren die Serienbewicklung durch Stärkung des Magnetfeldes für den Ver-

lust im inneren Stromkreise aufzukommen hat, um eine constante Potentialdifferenz an den Dynamoklemmen zu erhalten, würde die Serienbewicklung 15 Draht-touren haben.

Um eine constante EMF an den Motorklemmen zu erhalten, würden die Ampèretouren proportional zur Voltzunahme sein, und wir hätten:

$$82\text{·}8 : 332\text{·}8 = 1250 : x.$$

$x = 5\text{·}145$ Ampèretouren, welche 62 Drahttouren in der Serienbewicklung erfordern, wenn die Dynamo unterhalb Sättigung und mit separat erregtem Feld arbeitet. Wenn aber die Shuntbewicklung durch den Dynamostrom erregt wird, muss die im Shunt durch die höhere Voltzahl bedingte Stromzunahme in Ampère-touren von der oben erhaltenen Total-Ampèretouren-zahl abgezogen werden und eine Serienbewicklung von so viel Ampèretouren dazugelegt werden, welche dieser Differenz gleichkommt.

Inhalt.

Alphabetisches Sach-Register.

Curve zur Bestimmung des Querschnittes der Kupferleiter 212, 213.

Dampfmaschinen in Kraftstationen 202.
Daft 151.
Diehl 209.
Doppelschiene 140, 142, 174.
Drehbänke 109.
Durchschnitts-Kraftverbrauch 199.

Edison 114.
Edison-Hopkinson 22.
Elevatoren 100.

Feeder 144.
Ferraris 58.
Flachmüllerei 106.
Fortschritte im Bahnbau 190, 193.
Foucaultströme 6.
Fourniersägen 111.
Fräsmaschinen 109.
Frölich 25.
Funkenerscheinung 41, 52.
Führungsräder 174.

Gall'sche Kette 157.
Gasmotoren 94.
Ganz & Co. 172.
Geschwindigkeit der Motoren 21, 50.
Geschwindigkeitsveränderung 200.
Gewicht der Wagen 131, 160, 166.
Göpel 111.

Hammerwerke 100, 111.
Hochmüllerei 107.
Hobelmaschinen 109.
Hochgespannte Ströme 145.
Hopkinson 24, 25.

Immisch 26, 87, 114.

Julien 129.

Kapp 23, 24.
Kohlenverbrauch 200.
Kosten des Kupfers in den Leitern 211.
Kraftlinien 19, 23.
Kraftverbrauch der Strassenbahnen 160.
Kraftübertragung auf lange Distanzen 210.
Kreissägen 99, 110.
Kummer 115, 206.

Launch 206.
Leakage 24.
Lebende Motoren 116.
Leinenmanufactur 105.
Leblanc 71, 74.
Lineff 142.
Locomotiven, elektrische 151.
Lustschifffahrt 206.

Mansfield 193.
Magnetfeld, Form 15.
— Berechnung 16, 18.
Manville 147.
Mechanische Construction der Motoren 4.
Meilendurchschnittszahl 189.
Mordey 71, 73.
Mühlen 99.

Nähmaschinen 101, 111.
Nutzeffect des Motors 3, 22, 47.
— der elektrischen Bahnen 201.

Oberirdisches System 143.

Paget 158.
Papierfabrication 105.
Passagierzahl 193.
Patten 72.
Peckham 159.
Perrett 95.
Pferdebahnen
— Stallwesen 117.
— Wagenbestand 118.

Pferdebahnen, Betriebskosten 119.
Pfeil 149.
Polschule 17.
Potentialdifferenz der Motoren 152.
Praktische Erfahrungen mit der elektrischen Strassenbahn 183.
Preis der Motoren 89.
Pumpen 101, 102, 209.

Querschnitt d. Magnetschenkel 18.

Rechniewski 57.
Regulirung der Motoren 27.
Rollende Reibung 160.
— Krahne 208.

Sägegatter 110.
Schiffsmanöver 207.
Schienen als Rückleitung 145.
Senkrechte Spur 172.
Serienmotor 27, 58.
Serien-System 145.
Serrell 210.
Short 188, 189, 197.
Shuntmotor 27.
Siemens 57, 142.
Snell 5, 9, 17, 24.
Soll 142.
Spinnereien 100.
Sprague 50, 54, 86, 115, 117, 126, 156. 187, 194, 195, 205,
Spring-jack 148.
Streichgarnspinnerei 103.
Steigungen 191.
Stromverbrauch der elektrischen Bahnen 196.
Sumpner 70.
Submarine Boote 207.

Tesla 58.
Thomson, Elihu Professor 74.

Thomson-Houston 115, 154.
Todtes Gewicht 131.
Torque 10.
Tuchfabrikation 103.

Unterirdisches System 136.
Untersuchung der Wagen 188.
Uebertragung der Bewegung 154.
Uebercompoundirung der Motoren 210.
Unterschied zwischen Dynamo und Motor 5.

Van Depoele 69.
Ventilatoren 102, 208.
Verticalsägen 100.
Verwendung der Motoren 3.
Verzerrung des Feldes 66.
Vorzüge der elektrischen Motoren.

Wagenkilometer 161.
Walkereien 100.
Walzereien 100.
Webereien 100.
Wechselstrommotoren 57.
Weichen 178.
Weichenstellung 203.
Werkzeugmaschinen 110.
Westinghouse 63.
Wheeler 53.
Wheless 142.
Widerstände auf Strassenbahnen 163.
Working conductor 144.

Zahnrad-Uebersetzung 126, 127, 154, 156.
Zeugbedruckmaschinen 100.
Zipernowsky-Déry-Bláthy 75, 170.
Zuckerfabrikation 106.
Zugseilsystem 120.

Verzeichniss der Abbildungen.

A. Hartleben's Verlag in Wien, Pest und Leipzig.

Das Glühlicht

sein Wesen und seine Erfordernisse.

Erfahrungen

über

Herstellung, Dauer und Leuchtkraft der Lampen, Berechnung und Ausführung der Anlagen, praktische Lichtvertheilung im Raume und ausserordentliche Betriebsverhältnisse.

Von

Etienne de Fodor.

Mit 119 Abbildungen.

15 Bogen. Octav. Preis 1 fl. 65 kr. = 3 Mark.
Eleg. gebdn. 2 fl. 20 kr. = 4 Mark.

Das Werk beginnt mit den Motoren und ist das betreffende Capitel besonders den Gas- und hydraulischen Motoren gewidmet, da die Dampfmotoren in anderen Werken zur Genüge beschrieben wurden. Auf die Leitungen übergehend, finden wir Neues und Interessantes über die unterirdischen Leitungen; im Capitel über die Dynamo sind besonders die Schaltungs-Schemata, sowie das über die Isolation der einzelnen Dynamotheile Gesagte, was den Fachmann fesseln dürfte. Vollständig neu sind die Erfahrungen über die Ladungserscheinungen an den Leitern und an den Lichthältern, über Stromverluste in der Dynamo, über das Mehrleitersystem und über das Arbeitscentrum im Kohlenbügel. Besonders praktischen Werth besitzen die Angaben über Lichtvertheilung im Raume, mit zahlreichen ausführlichen Beispielen, ferner die Formeln zur Berechnung des Querschnittes der Leiter und Sicherheitsvorrichtungen. Ganz neu sind ebenfalls die Regeln zur Montage einer Glühlichtsanlage, ferner die Angaben zur Construction von Lichthältern für industrielle Zwecke. Der Verfasser, welcher seine Ausbildung von dem Erfinder des Glühlichtes und von dessen unmittelbaren Mitarbeitern erhalten und zahlreiche Glühlichtanlagen auf dem Continente ausgeführt, hat sich bestrebt, blos praktische Erfahrungen mitzutheilen.

A. Hartleben's Verlag in Wien, Pest und Leipzig.

A. Hartleben's Verlag in Wien, Pest und Leipzig.

Materialien

für

Kostenvoranschläge elektrischer Lichtanlagen

von

Etienne de Fodor.

Mit 69 Abbildungen.

15 Bogen. Octav. Geh. 1 fl. 65 kr. = 3 Mark.
Eleg. gebdn. 2 fl. 20 kr. — 4 Mark.

Das vorliegende Buch enthält Formeln und Tabellen für die Berechnung der Leiter für einfaches und Mehrleitersystem, Daten über die bekannteren Dynamos, ein ausführliches Verzeichniss aller Apparate und Werkzeuge (durch gute Illustrationen veranschaulicht), welche in einer elektrischen Lichtanlage zur Anwendung kommen und giebt der Verfasser auf langjährige Praxis beruhende Normen über Installationen in Theatern, auf Schiffen, in öffentlichen Gärten, Ausstellungen, Handwerkerschulen, Eisenbahnzügen, Bergwerken, Gruben, Buchdruckereien, Papierfabriken, Cellulosefabriken, Spinnereien und Webereien, Tapeten-, Fayence-, Chocolade-, Teigwaarenfabriken, Passementerien, Müllereien, mechanischen Werkstätten u. s. w. u. s. w. Besonders ausführlich ist die Einrichtung von Centralstationen mit Gleichstrom-, Wechselstrom- und Accumulatorenbetrieb behandelt und enthält das Buch diesbezüglich das Neueste. — Ferner findet der Leser werthvolle Daten über verschiedene Glühlampen, Accumulatoren, Transformatoren; einen Kalender für öffentliche Beleuchtung, Muster von Kostenvoranschlägen für complicirte Fälle, Tabellen über Querschnitt, Gewicht und Widerstand der Leiter; Daten über Beleuchtung mit primären Zellen, Tabellen zur Berechnung von Seil-Transmissionen, Rathschläge für die Wahl der Motoren, photometrische Einheiten und Muster u. s. w. u. s. w. Mit einem Worte, Alles, was bei einem Kostenvoranschlage für elektrisches Licht in Betracht kommen mag, ist in diesem Buche zusammengetragen.

A. Hartleben's Verlag in Wien, Pest und Leipzig.

A. Hartleben's Verlag in Wien, Pest und Leipzig.

Die Construction

der

magnet-elektrischen und dynamo-elektrischen

MASCHINEN.

Von

Gustav Glaser-De Cew.

Fünfte umgearbeitete und vermehrte Auflage

von

Dr. F. Auerbach,

Privatdocent an der Universität Breslau.

Mit 80 Abbildungen. — 17 Bogen. Octav. Geh. 1 fl. 65 kr. = 3 Mark.
In Originalband 2 fl. 20 kr. = 4 Mark.

Die

Wirkungsgesetze

der

dynamo-elektrischen Maschinen.

Von

Dr. F. Auerbach,

Privatdocent an der Universität Breslau.

Mit 84 Abbildungen. — 17 Bogen. Octav. Geh. 1 fl. 65 kr. = 3 Mark.
In Originalband 2 fl. 20 kr. = 4 Mark.

A. Hartleben's Verlag in Wien, Pest und Leipzig.